한국어 복합 조사 연구

# 한국어 복합 조사 연구

유 경 화

역락

## 머리말

  이 책은 필자가 2011년 8월 아주대학교 대학원에 제출한 박사학위논문 「한국어 복합 조사 연구」를 수정하여 출판하는 것이다. 한국어 복합 조사의 개념을 정립하고, 이를 바탕으로 한국어 복합 조사의 목록을 체계적으로 제시하고 분류하는 것을 목적으로 하였다.

  필자가 한국어 조사에 관심을 갖게 된 것은 석사 과정에 있을 때였다. 한국어 보조사는 격을 나타내지 않지만, 문장에서 특수한 의미를 부여하는 의미적 기능과 체언뿐만 아니라 용언, 부사 아래도 연결되는 분포적 특성을 갖고 있다. 이에 필자는 석사학위논문에서 서로 분포와 의미 유사성을 지닌 한국어 보조사 '만, 나, 나마', '도, 까지, 마저, 조차', '는, 야'를 세 묶음으로 설정하고 그들의 통사적 특성과 의미 기능을 논의하였다.

  박사 과정에 진학하고서부터는 '로부터', '로서'와 같은 조사의 복합 형식에 대해 관심을 갖게 되었다. 일반적으로 한국어 단어는 하나의 형태소로 구성되었는가, 둘 이상의 형태소로 구성되었는가에 따라 단일어와 복합어로 나눈다. 단어의 분류 방법으로 조사를 분류하면 조사는 단일 조사와 복합 조사로 나누어진다. 과연 이때의 복합 조사가 복합어인가? 이러한 의문에서 시작하여 필자는 박사 논문에서 문법화 이론을 바탕으로 복합 조사의 판별 기준을 세워 복합 조사의 경계 요소를 가려내어 복합 조사의 목록을 작성해 보았다. 하지만 이 책에서 제시된 복합 조사의 특성을 개별 복합 조사에 적용해 분석하는 작업은 아직 이루어지지 않았다. 이 부분은 또한 필자의 향후의 과제이기도 하다.

　필자가 이 책을 출판하기까지는 여러 분들의 격려와 도움이 있었다. 먼저 필자에게 한국어 언어학 연구의 첫걸음을 내딛도록 이끌어 주신 지도교수 박재연 선생님께 감사드린다. 총명하지 못한 제자이지만 늘 따뜻한 마음으로 필자를 격려해 주셔서 죄송하고 고마운 마음이 그지없다. 그리고 박사학위논문 심사를 맡아 주신 선생님들께 이 자리를 빌려 감사의 말씀을 드리고자 한다. 논문의 문제점을 꼼꼼히 지적해 주신 배주채 선생님, 이홍식 선생님, 이상신 선생님, 남가영 선생님께 깊이 감사드린다. 그리고 필자가 대학원에 입학해서 만나게 된 여러 선후배와 높고 깊은 학문의 세계를 보여준 선생님들께도 감사드린다.

　마지막으로 오늘의 필자가 있게끔 낳아 주시고 키워 주신 부모님께 감사드린다. 부족한 논문을 출판해 주신 역락 가족들에게도 감사드린다.

2015년 9월

유 경 화

# 차 례

# 제1장 들어가는 말 • 9

# 제2장 이론적 논의 • 31

# 들어가는 말

## 1.1. 연구 목적

이 책은 문법화 이론을 바탕으로 현대 한국어 복합 조사의 개념과 목록을 확립하고 분류하는 것을 목적으로 한다.

한국어 단어는 하나의 형태소로 된 것도 있고 둘 이상의 형태소가 모여 구성된 것도 있다. 일반적으로 구성된 형태소가 하나인가 그 이상인가에 따라 단어를 단일어와 복합어로 나눈다. 복합어는 그 구성 요소들을 둘로 나누었을 때, 그 모두가 어기냐 아니냐에 따라 다시 구분할 수 있는데, 구성 요소 모두가 어기인 것이 합성어이고 구성요소 중 하나가 접사인 것이 파생어이다. 한국어 조사는 음운론적 자립성이 없지만, 문장 형성의 단위이며 통사적 기능을 수행한다는 점에서 단어의 자격을 가진다고 볼 수 있다.[1] 이러한 관점에서 이 책은 조사를 단어로 본다. 따라서 단어의 분류 방법으로 조사를 분류하면 조사는 먼저 단일 조사

---

[1] 학교 문법에서도 조사를 단어로 보고 있다.

와 복합 조사로 나누어지고, 복합 조사는 다시 합성 조사와 파생 조사로 나눌 수 있다. 하지만 복합 조사, 합성 조사, 파생 조사 등이 복합어, 합성어, 파생어와 평행하게 존재할 수 있는지에 대해서는 논의의 여지가 있다.

김상대(1993)에서는 복합 조사라는 용어 사용의 문제점과 그 개념의 부당성을 지적하였다. 이 논의에서는 복합어의 구성 성분은 실사이어야 하므로 허사 간의 결합인 복합 어미나 복합 접사와 같은 구성이 생겨날 수 없는 것처럼 복합 조사도 구조적으로 실현 불가능하다고 주장하였다. 반면 이규호(2007)에서는 조사들이 둘 이상의 형태소로 이루어진 것은 복합 조사로 규정하였다. 이 논의에서는 복합 조사는 단일 조사에 상대하는 개념이며, 복합보다 합성의 개념에 가깝다고 하였다.2)

또한 김진형(2000 : 59)에서는 조사가 통합된 구성의 구조 분석에 기반을 두어 그것을 공시적으로 '조사끼리의 상호통합'이나 '복합 조사'로 간주하는 것은 이론적으로 타당하지 않다고 하였다. 즉 통시적으로 문법화를 통해 굳어진 조사들만을 합성 조사로 인정할 수 있다는 관점이다.

이처럼 복합 조사와 관련하여 여러 가지 문제가 존재하고 있다. 즉 그동안 복합 조사에 관한 연구가 큰 성과를 달성하였음에도 불구하고 아직 해결되지 못한 문제점이 많이 남아 있다. 특히 복합 조사가 무엇인지, 복합 조사의 개념이나 정의에 대한 기술은 명확히 제시되지 않았다. 복합 조사를 제대로 논의하려면 복합 조사의 정체가 무엇인지부터를 밝혀내야 한다. 따라서 이 책은 복합 조사의 개념과 목록을 제시하는 것을 가장 중요한 연구 목적으로 삼는다.

---

2) 이규호(2007)에서 '복합'에 대해서는 'compound'를 사용하고 있고, '합성'에 대해서는 'complex'를 사용하고 있다.

이러한 내용을 정리하여 이 책의 과제를 다음과 같이 제시한다.

(1) 가. 문법화 이론을 살펴보고, 복합 조사와 관련된 문법화 기제를
　　　　 기술한다.
　　 나. 복합 조사와 관련한 문제점을 살펴보고, 복합 조사의 정의를
　　　　 제시한다.
　　 다. 복합 조사를 판별할 수 있는 기준을 세워 복합 조사와 경계 요
　　　　 소를 가려내어 복합 조사의 목록을 작성한다.
　　 라. 복합 조사에 대하여 분류한다.

(1가)는 복합 조사의 형성과 관련된 것이다. 일부 학자는 공시적으로
조사와 조사의 결합은 이루어지기 어렵다고 본다. 이런 관점에서 복합
조사는 통시적 문법화 과정을 통해 형성될 수밖에 없다. 문법화 이론과
기제는 복합 조사의 형성, 판별 등과 밀접한 관계를 가지고 있다. 이와
같은 기본 이론을 살펴보는 것은 앞으로 본격적 논의를 위한 기초 작업
이다.

(1나)는 이 책의 중심 내용이다. 복합 조사와 관련한 문제점들을 고찰
하는 것을 통해 그동안 복합 조사에 대한 연구 성과와 부족함을 알아낼
수 있다. 그리고 복합 조사가 무엇인지, 복합 조사의 정의를 어떻게 하
는지, 그리고 복합 조사의 특성은 무엇인지 등 복합 조사와 관련한 기본
내용이 해결되어야 복합 조사의 연구는 일정한 성과를 얻었다고 할 수
있는 것이고, 또한 복합 조사에 관한 더 깊이 있는 작업을 진행할 수 있
는 것이다.

(1다)는 복합 조사의 목록과 관련한 것이다. 복합 조사의 목록을 확립
하려면 일단 복합 조사를 다른 경계 요소와 구분해 줄 수 있는 기준을

세워야 한다. 다음으로 세워진 기준을 경계 요소에 적용해서 복합 조사의 목록을 작성할 수 있다. 복합 조사의 목록을 제시하는 것은 복합 조사를 더 깊이 연구할 수 있는 기본 작업 중의 하나이다.

(1라)는 복합 조사의 분류 방법과 관련된 것이다. 복합 조사의 목록이 확립되면 이에 대해 여러 가지 기준으로 분류할 수 있다. 즉 서로 다른 분류 방법을 통해 여러 측면에서 복합 조사를 바라볼 수 있다.

따라서 이 책에서는 위의 (1가-라)에서 제시한 과제를 바탕으로 문법화 이론을 통하여 한국어 복합 조사의 개념과 특성을 제시하여 목록을 작성한다. 그 다음으로 완성된 복합 조사의 목록을 여러 분류 방법에 따라 분류한다. 마지막으로 개별 복합 조사의 통사·의미적 특성을 기술하는 작업을 수행하기로 한다.


## 1.2. 연구 대상


일반적으로 단어의 형성법에 따라 복합 조사를 '조사+조사'의 형식으로 생각하기 쉽다. 하지만 복합 조사는 특별한 형성 과정을 가지고 있으므로 '조사+조사'의 형식에만 한정되지 않을 수도 있다.

문법화를 좁은 의미로 정의하면 '문법형태소가 아니던 것이 문법형태소로 변화한 것(현상)'으로 볼 수 있다. 이에 따르면 '문법형태소'가 아닌 것은 모두 복합 조사로 변할 가능성이 있다. 여기서 '문법형태소가 아니던 것'이란 너무 불투명하다. 예를 들자면 명사 '밖'에 조사 '에'가 붙어 문법화를 거쳐 형성된 조사 '밖에'가 있는데, 이 과정에서 명사 '밖'과 조사 '에'가 형성한 통사적 구성이 '문법형태소'인지 아닌지를 판단하기 어렵다. 그리고 이와 같은 문법화의 좁은 의미에서는 모두 문법형태소인 조사와 조사의 결합 형태로 복합 조사가 형성되는 방식이 한정된다는 점도 적절하지 않다.

한편 고영진(1997 : 30~42)에서 문법 체계에 변화를 일으키는 것만을 칭하는 것은 협의의 문법화로, 내용어(content words/lexical items)가 기능어 (function words/grammatical words)로 변화하는 것을 포함하는 것을 광의의 문법화로 구별하면서 광의의 문법화 개념을 받아들이고 있다. 이러한 광의의 문법화 관점에서는 '자립명사>의존명사, 본동사>보조동사' 등의 변화 과정을 문법화 영역에 모두 포함하게 된다. 이러한 광의의 문법화 관점도 역시 내용어가 아닌 기능어가 포함된 통사적 구성이나 기능어와 기능어의 결합 형식에서 문법화 과정을 거쳐 복합 조사로 형성되는 상황이 포함되지 않는다.

다음 예문을 살펴보자.

(2) 가. 오늘부터는 자네 차례이다.
　　나. 바다로부터 무덥고 습기가 많은 바람이 불어온다(『고려대』[3]).
　　다. 사람이란 서로 이해하고 아껴 주는 것이다(『문법2』[4])

(2)´ 가. 오늘[부터, 은] 자네 차례이다.
　　나. 바다[*로, ?부터] 무덥고 습기가 많은 바람이 불어온다.
　　다. *사람이었단 서로 이해하고 아껴 주는 것이다.

---

3) 고려대학교 민족문화연구원 편집부 편(2009) 『한국어 대사전』이다. 앞으로 『고려대』로 줄여서 표기하기로 한다.
4) 국립국어원 편(2005ㄴ) 『외국인을 위한 한국어 문법2』이다. 앞으로 『문법2』로 줄여서 표기하기로 한다.

(2가)의 '부터는'은 (2가)′처럼 나눠서 쓰일 수 있다. 그리고 '부터는'의 의미는 단순히 보조사 '부터'와 '는'의 합으로 보인다. 그리고 이때 '오늘부터는'의 직접 성분(immediate constituent, IC) 분석은 [오늘+[부터+는]]이 아니라 [[오늘+부터]+는]이다. 즉 이때의 '부터는'은 단순한 조사와 조사의 연속 구성이다. 이 책은 이와 같은 조사의 연속 구성은 논의 대상으로 삼지 않는다.

한편 (2나, 다)의 '로부터', '이란'은 이와 다르다. (2나)의 '로부터'는 (2나)′처럼 나눠서 쓰이면 문장이 성립하지 않거나 어색하다. 그리고 이때 문장에서 '로부터'는 바람이 '불어오다'의 출처를 나타내고 있는데 이것은 단순히 격조사 '로'와 보조사 '부터'의 합으로 해석되지 못한다. 즉 '로부터'는 이미 새로운 의미를 형성한다는 것이다. 뿐만 아니라 이때 '바다로부터'의 직접 성분 분석은 [[바다+로]+부터]가 아니라 [바다+[로+부터]]이다. 요컨대 이러한 '로부터'는 더 이상 단순한 조사의 연속 구성이 아니라 다른 하나의 조사이다.

(2다)의 '이란'은 설명하고자 하는 '사람'을 특별히 지정하여 화제로 삼는다는 것을 나타내고 있다. 이와 같은 '이란'은 겉으로 보기에 지정사 '이다'[5]의 어간에 어미 '-란'이 결합된 활용형이지만 (2다)′처럼 선어말어미 '-었-'의 개입을 허용하지 않는다.[6] 즉 이때의 '이란'은 더 이상 '이'계 활용형이 아니라 체언이나 부사, 활용 어미 따위에 붙어서 특별한 뜻을 더해 주는 보조사이다.

이 책의 관점에 따르면 (2나, 다)의 '로부터', '이란'은 모두 복합 조사

---

5) 학교 문법에서 '이다'를 서술격 조사라고 부르고 있지만 이 책에서는 '이다'가 활용을 할 수 있다는 점에서 이를 지정사라고 부르기로 한다.
6) '-이란'에 선어말어미 '-었-'이 개입될 경우 그 형태가 '-이었으란'이 아니고 '-이었단(-였단)'이 된다. 여기서 어미 '-란'은 일반적으로 '-라고 하는'의 준말로 인식된다.

이다. 즉 복합 조사는 '조사＋조사'의 구성 이외에 다른 형식에서도 형성될 수 있다. 다시 말하자면 문법화 과정을 거쳐 복합 조사가 형성될 수 있는 형태는 어휘형태소나 문법형태소뿐만 아니라 어휘형태소와 문법형태소의 결합 형식도 있다. 이를 바탕으로 이 책은 '조사＋조사'의 기원 형식에 국한하지 않고 다른 기원 형식에서 형성된 현대 한국어 복합 조사들도 모두 연구 대상으로 삼고 최대한 정확하게 복합 조사의 목록을 제시하고자 한다.

## 1.3. 연구 방법

한국어 복합 조사를 기술하는 데에 두 가지 방법이 있다. 하나는 공시적으로 복합 조사의 용법을 대상으로 논의하는 것이다. 이러한 연구는 복합 조사들의 현재의 용법을 구체적으로 밝히는 데에 장점이 있다. 그러나 복합 조사란 개념은 단순히 공시적으로 존재하는 것이 아니므로 이들에 대해 정확하게 논의하려면 이들의 형성 과정을 전체적으로 살펴보아야 한다. 다시 말하면 이러한 공시적인 연구 방법은 복합 조사의 구성 형식을 정확히 밝힐 수 없고, 복합 조사의 형성 과정 및 복합 조사의 체계적인 용법을 파악하기 어렵다는 단점이 있다.

다른 하나는 통시적으로 복합 조사의 변화 과정을 대상으로 논의하는 것이다. 이는 주로 시간의 흐름에 따른 복합 조사의 시대별 쓰임과 관련된다. 이 방법은 복합 조사의 시대적 변화를 자세히 밝혀낼 수 있는 장점을 가지고 있지만, 현대 한국어 복합 조사의 통사·의미적 특성을 구체적으로 밝혀내기 어렵다는 단점도 가지고 있다.

이처럼 단순히 공시적으로나 통시적으로 복합 조사를 기술하는 것은 모두 장단점이 있다. 따라서 이 책은 공시적 방법과 통시적 방법을 종합해서 복합 조사에 대해 논의하기로 한다. 왜냐하면, 종합적인 방법은 복합 조사의 전체를 논의하는 데에 다음과 같은 여러 장점이 있기 때문이다.

첫째, 복합 조사의 개념을 정리하는 데에 통시적 방법론이 더 많은 역할을 발휘한다. 그동안 한국어 문법 연구에서 복합 조사란 개념이나 명칭을 어떻게 정의하여야 할 것인지에 대한 합의는 아직 이루어지지 않은 상태이다.[7) 이는 그동안의 복합 조사에 대한 초기 단계의 논의가 많은 경우에 복합 조사를 통시적인 개념으로 보지 않고, 공시적인 개념으로, 즉 조사와 조사의 복합 구성으로 보았기 때문이다. 그러나 복합구성으로 이루어진 조사가 모두 복합 조사는 아니다. 이들 가운데는 복합 조사처럼 보이지만 실제로 조사와 조사의 연속 구성이 많다. 그리고 복합 조사가 모두 조사와 조사의 복합 구성에서 형성된 것도 아니다. 일부 '이다' 활용형, 동사의 활용형, 체언의 곡용형 등도 문법화를 통해 복합 조사로 형성될 수 있다. 조사와 조사의 연속 구성은 문법화를 통해 복합 조사로 형성되고, 복합 조사는 다시 문법화를 거쳐 단일 조사로 형성되기도 한다. 이런 변화 과정에서 문법화가 가장 큰 역할을 한다. 따라서

---

7) 가. 벌린 겹씨 : 두 씨가…(중략)…다만 형식상으로 서로 겹쳐서 한 씨처럼 되어서 드디어 한 씨로서 다룸을 받는 겹씨(최현배 1937/1980 : 689).
　나. 복합 조사 : 둘 이상의 조사가 모여서 된 조사. '보다는', '까지를', '에서도' 따위가 있다. = 겹토씨. 『표준』(국립국어원 편(1999). (『표준국어대사전』이다. 앞으로 이는 『표준』으로 줄여서 표기하기로 한다.)
　다. 합성 조사 : 둘 이상의 조사가 통합되었으면서도 하나의 조사처럼 기능하는 것들… 통시적으로 문법 화를 통해 굳어진 것들만을 복합 조사로 인정할 수 있다(김진형 2000 : 60).
　라. 복합 조사 : 둘 이상의 조사로 이루어진 형식이 통시적으로 의미와 기능의 변화를 겪어 하나의 조사로 기능하는 것(한용운 2004 : 148).
　마. 복합 조사 : 분석 가능한 둘 이상의 형태소가 하나의 조사로 굳어진 것(이규호 2007 : 48).

문법화 이론은 복합 조사에 있어서 매우 중요하다.

둘째, 복합 조사의 목록을 정확히 작성하려면 통시적 방법론과 공시적 방법론이 모두 필요하다. 앞에서 논의하였듯이 복합 조사는 단순히 공시적 개념보다는 통시적 개념이기도 하다. 따라서 복합 조사의 목록을 작성하려면 먼저 통시적 방법론을 이용하여 복합 조사일 가능성이 있는 형태들을 파악해 내어야 한다. 그리고 이렇게 통시적 방법론으로 만드는 복합 조사의 목록에서는 복합 조사와 구별하기 어려운 경계 요소들이 있다. 이들을 구별하려면 일정한 기준을 세워 공시적인 관점에서 이들의 현대 한국어로서의 쓰임을 대상으로 논의하여야 한다.

셋째, 이러한 방법을 사용함으로써 복합 조사를 더 구체적으로 분류할 수 있다. 현대 한국어 복합 조사를 분류할 때 가장 기본적으로 쓰인 기준은 바로 이들 현재의 쓰임이다. 한편 통시적으로 문법화 진도에 따라 복합 조사를 분류할 수도 있다. 이처럼 공시적과 통시적 분류 방법을 모두 사용함으로써 복합 조사를 더 다각적으로 고찰할 수 있다.

이상에서 논의하였듯이 단순히 공시적 방법으로, 아니면 단순히 통시적 방법으로 복합 조사의 전체 내용을 논의하는 데에는 각각 단점이 있다. 그러므로 이 책은 공시·통시적 방법을 함께 사용하기로 한다. 이러한 방법을 통해 한 가지 방법론을 사용할 때의 단점을 피할 수 있으며, 복합 조사의 개념, 목록, 그리고 분류 등을 보다 더 정확히 기술할 수 있다.

그리고 이 책의 예문은 기존의 논의에서 이미 언급된 것이거나 『고려대』, 『표준』 등 사전에서 실려 있는 자료를 사용한다. 그리고 기존의 논의에서 충분히 언급되지 않은 복합 조사를 논의할 때에는 필자가 만든 예문과 함께 사용하기로 한다.

## 1.4. 연구사 검토

그동안 한국어 조사에 대한 논의는 활발히 진행되어 왔다. 이에 비해 한국어 복합 조사에 대해서는 그렇게 큰 관심을 가지지 못하였다. 이 책과 같은 입장에서 처음 복합 조사에 관한 논의는 김상대(1992)로 보인다. 그 이후로 최근에 들어와서야 다른 연구자의 시선을 이끌기 시작하였다. 그중에서 가장 본격적인 논의는 이규호(2001, 2007)이다. 이러한 복합 조사에 대한 논의는 두 가지로 나뉠 수 있다. 하나는 복합 조사의 개념과 관련한 논의이고, 다른 하나는 복합 조사의 판별 과정과 목록과 관련된 논의이다. 여기서 우리는 이 두 가지 논의를 순서대로 살펴보기로 한다. 우선 복합 조사의 개념과 관련한 대표적인 논의는 이광호(1991), 김상대(1992, 1993), 한용운(1999, 2004), 김진형(2000), 이규호(2000, 2001, 2007), 임동훈(2003), 채완(2006), 정한데로(2012) 등이 있다.

이광호(1991)에서는 중세 한국어의 복합 조사 상호 간의 관계를 규명하기 위해서 각각의 격조사들이 갖는 계층 문제를 살피고, 이들이 어떤 격 배당 원리8)에 의하여 복합 격구조를 갖게 되는지를 밝혀냈다. 구체적

---

8) 이광호(1991 : 240)에서 제시한 중세 한국어의 복합 격조사의 격 배당 원리는 다음과 같다.
　-국어의 격자질배당 원리 :
　　가. VP에 지배받는 NP에 [+nominative]의 격자질을 배당한다.
　　나. V에 지배받는 NP에 [+objective]의 격자질을 배당한다.
　　다. N′에 지배받는 NP에 [+genitive]의 격자질을 배당한다.
　　라. 두 개 이상의 NP가 동일자격을 가질 때, 그 NP들에 [+conjunctive]의 격자질을
　　　　배당한다.
　-어휘격배당 원리 :
　　가. 의미역-틀에 따라 NP에 어휘격을 배당한다.
　　나. 호칭대상의 NP에 [+vocative]의 격자질을 배당한다.
　　　　그리고 [+conjunctive]의 자질은 격자질배당과 어휘격배당에 반드시 우선적으로
　　　　통용하여야 한다.

으로 말하자면 중세 한국어의 복합 격조사가 '공동격 조사＋주격·속격·처격·조격·호격조사', '처격·구조격조사＋속격조사(ㅅ)' 또는 '공동격 조사＋처격조사＋속격조사' 등의 형식으로 나타나는 이유를 밝혀냈다. 하지만 이 논의에서 기술하였던 복합 조사는 주로 조사와 조사의 연속 구성과 관련된다는 점은 이 책의 입장과 차이가 있다.

김상대(1992 : 9-11)에서는 '책－에서－만'과 같이 선행어에 두 개의 조사가 이어서 쓰인 것을 복합 조사라고 하는 것은 조사의 결합 조건에 어긋난다고 하였다. '책－에서－만'의 구성을 '책＋에서만'의 결합으로 본다면 이것보다 먼저 '에서＋만'의 결합이 이루어져야 하는데, 이러한 결합은 조사와 결합하는 선행어가 실사이어야 한다는 조건에 어긋난다는 것이다. 따라서 '책에서＋만'의 구조로 이해하는 것이 옳으며, 이때 '책에서'는 실사와 허사가 결합하여서 이루어진 하나의 문장성분으로서 역시 실사이므로 뒤따르는 허사와의 결합이 자연스럽다고 하였다. 이 논의에서는 진정한 의미상의 복합 조사를 처음으로 언급한 것으로 추정된다.

김상대(1993)에서는 복합어의 구성성분은 실사이어야 하므로 허사 간의 결합인 복합 어미나 복합 접사와 같은 구성이 생겨날 수 없는 것처럼 복합 조사도 구조적으로 실현 불가능하다고 하였다. 복합 조사가 이론적으로 복합어가 될 수 없음을 밝히기 위하여 다음과 같은 조사와 복합어의 특성에서 그 근거를 찾아보려 하였다. 우선 복합 조사의 성립조건을 첫째, 소위 복합 조사를 이루는 두 조사는 그 앞에 필수적으로 명사를 취하여 한 어절을 이루는데, 이때 어절을 이루는 세 요소의 직접성분 분석에서 일차적으로 명사가 분리되고 두 조사 간의 결합은 유지되어야 한다. 둘째, 허사와 허사의 결합은 절대로 있을 수 없다. 셋째, 두 말이 결합하여 하나의 복합어를 이룰 때 각 성분의 의미가 융합하여 새로운 제

삼의 의미로 발전하는 것이다. 넷째, 두 말이 결합하여 복합어를 이룰
경우 그 두 말 사이에 다른 말이 삽입될 수 없다 등과 같이 제시하였다.
그는 '복합 조사'란 용어의 부당성에 관하여 논의를 전개하였지만 '복합
조사'보다 더 적당한, 아니면 '복합 조사'를 대신하여 쓰일 수 있는 용어
를 제시하지 못하였다.

또한 김상대(1993 : 25-27)에서는 복합 조사의 생성 가능성을 원칙적으
로 배제하는 입장이지만 그 발달 가능성을 완전히 부정할 수는 없다고
하였다. 이를테면 '일본으로부터 돌아왔다', '학생으로서 책임을 다한다'
와 같은 문장에 쓰인 '으로부터'나 '으로서'는 복합 조사일 가능성이 있
다고 언급하였다.

이희자·이종희(1998)은 대규모의 말뭉치 자료를 분석하여 조사를 목
록화하였다. 이 책에서 연속한 두 조사가 복합한 것인지 단순한 통합 관
계를 이루는 것인지를 구분하려고 하였다. 이 책에서 이러한 장점은 있
지만 이들을 구별하는 구체적인 기준을 제시하지 못하여 의미적 기준만
을 적용하였다는 단점이 있었다.

한용운(1999)는 생성 이론과 이와 달리하는 이론에서 상정한 단어 형
성 기제인 '합성, 파생, 어휘화'의 차이점을 검토한 다음, 조사를 직접구
성성분으로 포함하고 있는 일부 복합어들이 어떻게 형성되었는지를 고
찰하였다. 그는 기본적으로 단어 형성을 통시적인 과정으로 보면서, 복
합어에 대한 분류는 공시태를 기준으로 하였다. 한용운(1999 : 235-236)에
서는 한국어의 조사는 공시적이든 통시적이든 통사적인 단위이고, 주로
문장에서 선행 성분에 통사적인 기능을 더하거나 선행 성분에 화자의
주관이나 강조의 의미를 더하기도 한다고 하였다. 그런데 일부 조사를
통시적으로 살펴보면 단어 형성에 참여하는 것이 있다고 하였다. 이 논

의에서 조사가 통시적으로 단어 형성에 참여한다는 관점은 복합 조사의 연구에 있어서 매우 큰 발전이라고 할 수 있다.

김진형(2000 : 59)에서는 공시적으로 선행 요소에 둘 이상의 조사가 연속적으로 통합한 구성을 '조사 연속 구성'이라 하고, 둘 이상의 조사가 연속한 구성이라도 통시적으로 문법화를 겪고 굳어진 것은 '합성 조사' (복합 조사)라고 하면서 이 둘을 구분하였다. 하지만 이 논의에서 '합성 조사'나 '복합 조사'를 판별할 수 있는 명시적인 기준을 제시하지 못하였다.

이규호(2000)에서는 복합 조사에 대한 선행 연구를 토대로 하여 복합 조사를 어떻게 정의할 것인가에 대하여 고찰하였다. 복합 명사나 복합 동사가 '명사+명사'나 '동사+동사'의 구성으로만 제한되지 않는 것과 같은 것으로 복합 조사도 '조사+조사'의 구성으로만 제한할 필요는 없다고 하였다. 이와 같은 관점은 더욱 정확한 복합 조사의 목록을 제시하는 데 도움이 되었다.

이규호(2001)에서는 복합 조사를 '분석 가능한 둘 이상의 형태소가 하나의 조사로 굳어진 것'이라고 정의하였고, '두 구성 요소의 분리 및 분석 가능성', '교체 가능성', '의미 변화' 따위의 복합 조사의 판별 기준도 제시하였다. 이러한 판별 기준을 적용한 결과 현대 한국어의 표준어 조사 총 112개 항목 가운데 39개 항목을 복합 조사로 판별하였다. 이 논의는 복합 조사의 판별 기준을 적용해서 복합 조사의 목록을 작성할 때 전체 조사를 대상으로 하지 않았고 일부 조사만 대상으로 기술하였으므로 이러한 과정을 통해 제시한 복합 조사의 목록의 정확성이 떨어진다는 단점이 있다.

한용운(2004)에서는 둘 이상의 조사로 이루어진 형식만으로 복합 조사를 엄격하게 한정하였다. 총 188개 항목의 현대 한국어 표준어 조사의 최대 목록을 작성한 후 조사와 조사가 연속된 형식만을 가려 뽑았다. 그리고 이들이 조사화하여 복합 조사가 형성되었는지를 판별해 내기 위하여 형태적, 분포적, 통사·의미적 기준9)을 세웠다. 이러한 기준을 적용한 결과 '께서', '으로서', '에서'만 복합 조사로 인정을 받았다.

하지만 이 논의에서는 2음절 이상으로 된 조사들의 기원 형식을 확인할 때 '명사+조사', '관형격조사+대명사', '동사어간+어미', '이-+어미', '조사+조사' 구성 가운데 하나로 보기 때문에 많은 조사를 복합 조사의 범위에 제외시키게 되는 문제가 있었다.

채완(2006)은 2000년부터 2005년 사이에 발표된 격과 격조사 관련된 논저들을 주제10)에 따라 나누어 살펴보았다. 그리고 채완(2006 : 16-17)에서는 격과 조사에 대한 최근의 연구 동향을 검토하면서 복합 조사의 설정 기준 및 목록 작성과 관련한 그간의 선행 논의들11)을 소개하였다.

정한데로(2012)에서는 복합 조사를 둘 이상의 형태소가 단순 결합하여

---

9) 한용운(2004 : 150)에서 조사가 연속된 형식의 조사화 판단 기준은 다음과 같다.
　형태적 기준 : ㄱ. 조사가 연속된 구성의 형식에 변화가 있을 경우
　　　　　　　 ㄴ. 조사가 연속된 형식 사이에 다른 조사의 개입이 불가능한 경우
　분포적 기준 : ㄱ. 어떤 조사가 특정 조사의 앞이나 뒤에만 분포하는 경우
　　　　　　　 ㄴ. 조사의 일반적 통합 순서와 다른 통합 유형을 보이는 경우
　통사·의미적 기준 : 조사가 연속된 형식의 의미나 통사적 기능이 개별 조사의 의미나 통
　　　　　　　　　　 사적 기능의 통합 으로 도입될 수 없는, 새로운 의미나 기능을 갖게
　　　　　　　　　　 된 경우
10) 채완(2006)에서 논의하고 있는 주제는 다음과 같다.
　1) 격의 개념과 범주 설정 2) 격의 이론 3) 격조사의 핵심 4) 격/조사 교체 5) 격조사의
　범주적 특성 6) 개별 조사의 기능 7) 조사화 8) 격/조사 중출 9) 복합 조사의 설정과 조
　사의 목록 10) 조사의 배열 순서 11) 특수 텍스트에서의 조사의 쓰임 12)개별 조사에 대
　한 통시적 연구 13) 방언의 격조사 14) 한국어 교육에서의 격조사 15) 북한 문법의 토
11) 채완(2006)에서 복합 조사와 관련한 논의로 남윤진(2000), 김진형(2000), 이규호(2001),
　한용운(2004)를 소개하였다.

형성된 조사로 보았다. 그는 단어를 어휘적 단어와 문법적 단어로 나눠 조사복합형태(복합 조사), 즉 조사 연속 구성을 문법적 단어 차원의 복합 어로 분류하였다. 이는 김상대(1993)에서 논의한 복합 조사는 이론적으로 복합어가 될 수 없다는 내용과 정반대이다. 그리고 그는 이 책에서 논의하고 있는 복합 조사를 문법적 복합어의 단일화로 형성한, 공시적으로 투명하게 분석되지 않는 것으로 보았다. 이런 식으로 조사 복합 형태를 어휘적 단어에 해당하는 복합 명사, 복합 동사와 평행하게 보는 것은 단어를 분류할 때 체계적으로 균형을 맞출 수 있는 장점을 갖고 있지만 적절하지 않다고 본다. 왜냐하면 복합 명사와 복합 동사는 통사적으로 독립적으로 쓰이는 하나의 단어인데, 조사 복합 형태는 그렇지 않을 수도 있기 때문이다.

다음으로 복합 조사의 검증, 목록 제시와 관련된 선행연구를 살펴보도록 한다. 그 대표적인 논의는 채완(1993), 김동식(1996), 엄정호(1997), 남윤진(1997, 2000), 장미(1999), 최동주(1999), 한용운(2001, 2003), 이규호(2003), 이정훈(2005), 이규호(2007) 등이 있다.

채완(1993)은 채완(1977)에서 살펴보았던 한국어 보조사 목록을 재검토하였다. 이 논의에서 이들 목록은 용어와 의미적 측면에 치중하였다는 점을 지적하고 다음과 같은 내용을 기술하였다. 첫째, 주요 연구들에서 보조사로 다루어진 형태들의 목록을 제시하였다. 둘째, 논자에 따라 보조사의 여부에 대한 의견이 일치하지 않는 형태들이 어떤 것인지를 살폈다. 셋째, 그 형태들이 보조사로 설정되는 것이 옳은가에 대해서 논하였다. 이 중에서 논의하고 있는 많은 보조사는 이 책의 복합 조사이기도 하다.

김동식(1996)에서는 한 체언에 연속적으로 결합하여 쓰인 것을 복합 조사인지 조사들의 통사적 결합인지를 자립성과 분리성을 기준으로 삼고 논의하였다. 이에 따라 '으로서, 으로써, 에게서, 에게로, 한테서, 한테로, 께로, 에서, 으로부터, 께서, 께옵서'만이 복합 조사라 하였다. 이 논의는 연속적으로 쓰인 조사들을 구별하여 새로운 조사를 형성한 것을 복합 조사라고 하고, 그렇지 않은 것을 '조사 구성'이라고 하는 장점이 있다. 하지만 이 논의에서는 복합 조사의 개념이 무엇인지를 명확하게 규정하지 않았다. 다만 조사와 조사의 연속 형식에서 형성된 새로운 조사는 복합 조사라고 하였다.

남윤진(1997, 2000)에서는 계량언어학적 이론을 이용하여 조사의 목록을 새롭게 작성하고 빈도정보 및 분포 양상을 밝히는 것을 목적으로 현대 한국어의 조사에 대해 논의하였다. 이 논의에서 조사의 판별 기준이 될 수 있는 특성으로는 형태·음운론적 의존성, 통사론적 단위 지배, 형태·통사적으로 자립성을 지니는 구성 뒤에 온다는 점을 지적하였다. 하지만 그가 제시하였던 '복합 조사'가 단순히 조사 간의 결합 형태라는 점은 이 책의 입장과 차이가 있다.

엄정호(1997)에서는 조사에 대한 지금까지의 연구에서 그 범주적 특성에 관한 논의나 목록 설정 따위의 기초 작업을 소홀했던 점을 반성하고, 기존의 논저를 비교·검토하여 논저별로 조사를 정선(精選)하는 과정을 보여 주었다. 이 논의에서는 복합 조사와 관련한 문제도 언급하였다. 이 논의의 78쪽에서 기술한 기능상 하나의 조사이지만 형태상 두 조사의 결합으로 이루어진 '에게로, 한테로' 따위의 복합 조사를 단일 조사로 인정하여 사전에 올릴 것인가 말 것인가 하는 문제가 바로 그것이다. 만약 이들을 하나의 조사로 취급한다면 '한테로'와 '한테도'를 구별할 수 있는 기준을 마련하여야 할 것이고, 두 조사가 결합한 것으로 볼 때에는

'에서' 등이 복합 조사인지의 여부를 가릴 기준이 마련되어야 할 것이라고 하였다. 그런데 이 논의에서는 복합 조사의 이런 문제점만 제시하였을 뿐이고, 그 해결책과 관련된 내용은 구체적으로 논의하지 않았다.

장미(1999)는 기존의 연구에서 보조사로 분류된 목록 중에서 지정사 '이다'를 기원으로 하는 '이'계 보조사만을 뽑아 이들이 보조사인지 아닌지를 밝혀 '이'계 보조사의 목록을 설정하였다. 이들 '이'계 보조사 중에서 많은 경우는 이 책에서 논의하고 있는 복합 조사의 범위에 들어올 수 있는 형태들이다. 이 논의는 '이'계 보조사가 '이다'의 활용형에서 재구조화되어 문법화되었다고 보는 가정에서 진행하였다. 하지만 이 논의에서 단지 '이'계 보조사의 의미를 논의할 때 문법화와 관련시켰다.[12] 그리고 '이'계 보조사를 판별할 때 이런 의미적 변화 여부를 사용하지 않았다.

최동주(1999)는 '이다'의 활용형들이 하나의 단위로 굳어졌는지 아닌지를 판단하기 위한 기준으로 1) 선어말어미의 개입 가능성과 출현 양상, 2) '이'의 탈락 가능성, 3) 통합관계, 4) 분포를 제시하였다. 그 검토 결과를 정리하면 '이야, 이야말로, 이나, 이나마, 인들' 등은 하나의 단위로 굳어져 보조사로 문법화하였다고 하며, '이든지'는 불특정 대상을 뜻하는 표현에 결합한 경우에, 그리고 '이라도'와 '이라면'은 '-었-'이 결합하지 않는 경우에 보조사로 간주할 수 있다고 하였다. 하지만 여기서 단지 선어말어미 '-었-'의 쓰임에 따라 '이라도'와 '이라면'을 '이'계 활용형인지 아닌지로 나누는 것은 증거가 부족하다고 본다.

한용운(2001, 2003)은 주로 문법화 이론을 바탕으로 어떤 형식이 어떤 기제에 의해 어떤 과정을 거쳐 조사화하는지를 검토하였다. 이 논의에서

---

12) 장미(1999 : 16)에서는 '이다'를 기원으로 하는 보조사의 의미는 문법화를 통해 실질적에서 문법적으로 바뀌는 것을 언급하였다.

의미, 분포, 형식적 기준을 조사화 판단 기준으로 제시하였다.[13] 그리고
이런 기준을 적용하여 명사 구성, 동사 구성, '이'계 구성의 조사화를 검
토하였다. 그중에서 '이'계 형식의 조사화에 대한 검증의 결과는 '요, 이
나, 이라도, 이여, 이시여'가 있고, '일랑'은 '이-'의 활용형이 조사화한
것이 아니라 '이-' 활용형의 조사화에 유추되어 '己랑'에 '이'가 첨가된
것으로 보고, '이야말로'는 조사 '이야'에 '말로'가 결합한 구성이 재분석
되면서 조사화한 것으로 보았다.

이 논의에 따르면 한국어의 문법화는 조사화와 어미화, 그리고 접사화
로 나뉜다. 조사와 조사가 문법화를 통해 복합 조사로 형성되는 경우는
조사화에 해당하여야 한다. 하지만 이 논의에서는 이와 관련된 내용을
전혀 언급하지 않았다.

이규호(2003)은 '이'계 복합 조사의 판별 기준을 다루었던 것을 좀 더
정밀화하였다. 생략된 주어를 복원함으로써 '이다' 활용형의 서술성을
확인하는 것은 적절한 검증 기준이 아니라고 하였다. 반면에 받침이 없
는 체언 아래에서 '이'의 탈락 여부는 유력한 검증 기준이라고 하였다.
그리고 통합관계의 변화, 통용성, 분석 가능성도 판별 기준으로 제시하
여 '이다' 활용형 복합 조사의 목록을 작성하였다. 이에 따르면 '이라고
는, 일랑은' 등은 '조사+조사' 형식이었으며, '이사, 이사말고'는 비표준
형, '이라곤, 이란²'는 줄어든 말이었다. 그리고 '이나¹'을 비롯하여 '이

---

13) 한용운(2003)에서는 조사화하였는지를 판단하는 기준을 다음과 같이 제시하고 있다.
    의미적 기준 : 구체적인 의미를 갖던 어휘형태소가 원래의 뜻에서 멀어져 추상적인 관계
           의미를 갖게 된 경우
    분포적 기준 : 어휘형태소가 의미변화 과정을 겪은 뒤, 본래의 분포와 기능을 상실하고
           조사의 분포와 기능을 갖게 된 경우
    형식적 기준 : 어휘형태소가 의미와 기능의 변화 과정을 겪은 뒤, 형식의 변화를 겪
           은 경우를 제시하였다.

라, 이라서, 이란¹' 등 11개 항목을 단일 조사로 판별하였다. 또한, 이 논의는 지금까지 한 번도 언급한 적이 없었던 '이다' 활용형 11개 항목을 소개하였다. '이거든, 이니만치, 이니만큼, 이랍시고, 이러니, 이로서니, 일러니, 일망정, 일수록, 일지라도, 일진대'가 그것들이다. 하지만 이러한 '이거든, 이니만치, 이니만큼…' 등은 과연 '이'계 복합 조사인가 의심스럽다.

이정훈(2005)에서는 한국어에는 활용형과 조사의 두 가지 범주에 속하는 '이'계 형식이 적지 않게 존재하는데, 이러한 형식들을 적절히 다루기 위해서는 활용형과 조사를 명시적으로 구분하는 작업에 더해 활용형과 조사의 통용을 허용하는 문법 절차 'CP→XP(NP, AdnP, AdvP)'¹⁴⁾를 마련했다.

이규호(2007)은 박사학위논문인 이규호(2001)을 바탕으로 해서 정리한 것이다. 이규호(2001)에서는 기존의 조사 목록 중에서 39개 항목을 복합 조사로 판별하였다. 하지만 이규호(2007)에서는 총 88개로 그 수가 많이 늘어난 것이다. 즉 복합 조사의 목록이 대폭으로 확대되었다.

이상에서 복합 조사와 관련된 대표적인 선행 연구를 살펴보았다. 이러한 선행 연구를 통해 다음과 같이 몇 가지 문제점이 발견된다.

첫째, 지금까지 '복합 조사'나 '합성 조사'라는 용어에 대해 연구자들은 아직 통일된 의견이 나오지 않았다. 이것 역시 복합어나 합성어의 범주 설정처럼 그렇게 쉽게 풀릴 수 있는 문제가 아니다.

둘째, '복합 조사'의 개념과 판별 기준은 아직 확실히 제시되어 있지 않다. 여태까지 여러 연구자는 자신이 주장하는 개념과 판별 기준을 제

---

14) 이정훈(2005 : 167)에서 이 규칙에서 CP는 '이'계 형식이 포함하고 있는 문말 어미의 특성을 포착하기 위한 것이라고 하였고, XP는 통용될 범주에 해당한다고 하였다.

시하였지만, 공식적으로 인정받을 수 있는 통일된 기준은 아직 나오지 않았다.

셋째, 복합 조사의 개념과 판별 기준이 통일되지 않으므로 복합 조사의 목록과 분류와 관련된 문제도 해결되지 못하고 있다.

이 책은 이상에서 제시한 문제점을 해결하기 위해 복합 조사의 개념과 목록을 제시하여 분류하는 데에 중심을 두기로 한다.


## 1.5. 논의의 구성

이 책은 다음과 같이 구성된다.

2장에서는 복합 조사의 형성과 관련된 문법화 이론을 살펴보고 복합 조사의 개념과 특성에 대한 기본적 사실을 논의한다. 2장 2.1.에서는 문법화의 기제, 연속성과 정도성, 그리고 주관화 등 특성에 대하여 알아본다. 2장 2.2.에서는 복합 조사와 관련된 문제점을 살펴본 후에 복합 조사의 개념을 정립한다.

3장에서는 복합 조사의 목록을 작성한다. 3장 3.1.에서는 기존 조사의 목록을 통해 복합 조사일 가능성 있는 형태들을 찾아낸다. 한편 복합 조사와 구별하기 어려운 유동적인 형태들이 있다. 따라서 3장 3.2.에서는 복합 조사와 이들 유동적인 요소를 구별할 수 있는 검증 기준을 세운다. 3장 3.3.에서는 판별 기준으로 복합 조사와 경계 요소를 가려내는 과정을 이룬다. 그리고 3장 3.4.에서는 복합 조사의 목록을 제시한다.

4장에서는 3장에서 작성한 복합 조사의 목록을 일정한 기준으로 분류해 본다. 구체적으로 4장 4.1.에서는 문법 기능에 따라 복합 조사를 복합 격조사, 복합 접속 조사, 복합 보조사로 나눈다. 그리고 4장 4.2.에서는 구성 성분에 따라 복합 조사를 두 개 이상의 조사 형태소로 이루어지는 복합 조사, '이'계 활용형으로 분석되는 복합 조사, 동사의 활용형으로 분석되는 복합 조사로 나눈다. 또한, 4장 4.3.에서는 문법화 정도에 따라 복합 조사를 강 복합 조사와 약 복합 조사로 나눈다.

5장은 결론으로서 각 장의 논의를 정리하면서, 이 책에서 해결하지 못하는 앞으로의 과제를 제시한다.

# 제2장

# 이론적 논의

## 2.1. 문법화와 관련 개념

한국어에서 조사와 조사가 이어서 쓰인 형식에서 통시적인 과정을 통해 하나의 조사로 형성된 경우가 여러 개 발견된다. 이때 결과물인 조사는 문법 형태소이므로 이와 같은 현상은 문법화라고 할 수 있다. 뿐만 아니라 '이'계 활용형, 동사의 활용형 등 형식에서 통시적인 과정을 통해 하나의 조사로 형성된 경우도 많다. 이처럼 복합 조사는 다양한 기원 형식에서 통시적인 과정을 통해 형성된 것이다. 그리고 문법 기능에 따라 복합 조사는 문법 형태소이다. 즉 문법 형태소인 복합 조사는 문법화와 밀접한 관련을 가지고 있다. 따라서 이 책은 문법화 이론을 이용하여 복합 조사와 관련된 내용을 논의하고자 한다.

문법화는 전통적으로 어휘 요소(실질적인 의미를 지닌 실사)가 문법 요소(실질적인 의미를 지니지 않은 허사)로 기능이 바뀌어 가는 과정을 나타내는 언어 변화의 한 양상을 일컬어 왔다. 한편 학자에 따라 문법화라는 용어는 변화의 과정에 대해 주목할 경우 'grammaticization'을, 변화의 결과에 주목할 경우 'grammaticalization'을 사용하기도 하였으나, 최근에는 두 용어를 포괄하는 것으로 'grammaticalization'을 많이 사용하고 있다.

초기의 문법화와 관련 연구는 '변화된 결과의 산물'을 주로 다룬 것인데, 최근에 들어와서의 논의들은 예를 들어 고영진(1997), 안주호(1997), 이성하(1998), 백낙천(2000) 등이 "'덜' 문법적인 기능을 하는 것에서 '더' 문법적인 기능을 하는 것으로 바뀌는 것"과 같은 변화의 과정에 있는 형식도 문법화 논의에 포함시키고 있다. 이 책은 이와 같은 것으로 문법화의 결과물뿐만 아니라 문법화의 과정에 있는 형식도 문법화의 내용으로 함께 논의하기로 한다. 즉 문법화가 문법형식으로 향해 가고 있는 형식의 변화 과정과 변화 결과를 모두 포함한다는 관점이다. 이런 관점은 언어 형태의 통시적 변화를 살펴보는 데 유익하다.

한편 문법화를 연구하는 학자에 따라 문법화의 하위 부류에 대한 견해는 다소 차이가 있다. 하지만 일반적으로 문법화의 결과 및 그 기원 형식의 구성을 기준으로 이를 조사화와 어미화, 그리고 접사화로 나누는 것이 대부분이다. 예를 들어 이태영(1988)에서는 문법화를 조사화, 선어말어미화, 어말어미화, 접미사화로 나누었고, 이현희(1993)에서는 문법화를 접사화, 조사화, 어미화로 나누었다. 그리고 한용운(2003)에서는 문법화를 통사 단위 결합체의 문법화와 어휘의 문법화로 나누었으며 통사 단위 결합체의 문법화를 다시 조사화, 어미화, 접사화로 나누었다.[1]

---

1) 이태영(1988)의 문법화 유형
   가. 조사화
      ㄱ. 체언의 조사화 : 그에, 거긔, 게, ㄱ장, 다히, 뿐, 만, 맹이로, 배끼
      ㄴ. 용언의 조사화 : 드려, 브터, ㅎ고, 보고, 가지고
   나. 선어말어미화 : -았-, -겨-
   다. 어말어미화
      ㄱ. -ㄹ 스-계 : -ㄹ쎠, -ㄹ손가
      ㄴ. -ㄴ드-, -ㄹ드-계 : -ㄴ돌, ㄹ디니라

또한 김성용(2002)에서는 유형별로 문법화의 방향성을 살펴보았다. 구체적으로 '동사>허사', '명사>허사', '동사>접속사', '명사>접속사'에 대해 논의하였다. 안주호(1997)에서는 문법화 과정의 큰 틀을 '자립적 어휘소>의존적 어휘소>접어>어미·조사·접미사'의 과정으로 가정하였다. 자립적 어휘소가 구체적 의미를 점점 상실해감에 따라, 문장에서 자

---

    라. 접미사화 : ㅎ다, ㄷ외다

이현희(1993)의 문법화 유형
    가. 접사화 : 횟-, 횟-, 혀-, 받-
    나. 조사화 : -께, -에게, -에서, -브터, -조차, -ㄷ려
    다. 어미화
       ㄱ. 선어말어미화
         ① 동사 어간의 선어말어미화 : -습-
         ② 동사구 보문 구성의 선어말어미화 : -앗-, -겟-
         ③ 명사구 보문 구성의 선어말어미화 : -을거-

       ㄴ. 어말어미화
         ① 보문 구성의 어말어미화 : -을쎄, -은바, -은지라, -을까, -은가, -을지
         ② 선어말어미 또는 어말어미의 통합체에 어말어미화 : -으니, -으리, -소, -으오, -니, -디, -네, -데
         ③ 선어말어미와 어말어미의 통합체의 어말어미화 : -을손가, -나, -습니다
         ④ 어미와 조사의 통합체의 어말어미화 : -으매, -으므로, -기로

한용운(2003)의 문법화 유형
    가. 통사 단위 결합체의 문법화
       ㄱ. 조사화
       ㄴ. 어미화
       ㄷ. 접사화
    나. 어휘의 문법화
       ㄱ. 명사 / 의조명사 ┐
       ㄴ. 형용사 / 보조형용사 │   ┌ ㄱ. 조사화
       ㄷ. 동사 / 보조동사 ├   ├ ㄴ. 어미화
       ㄹ. 부사 │   └ ㄷ. 접사화
       ㅁ. 대명사 │
       ㅂ. 관형사 ┘

립성을 상실하고 의존적으로 쓰이다가, 선후의 요소들과 결합되어 문법 기능을 하는 형태로 바뀐다고 하였다.[2]

이상에서 논의한 대로 그동안 문법화와 관련된 논의는 많이 이루어졌다. 하지만 이들 논의에서는 '조사＋조사>복합 조사'와 같은 변화 형식을 언급하지 않았다. 이때 기원 형식인 조사는 '덜 문법적인 기능을 하는 것', 결과물인 조사는 '더 문법적인 기능을 하는 것'이라고 할 수 없다. 따라서 이 책은 이를 '문법형태소>문법형태소'로 보기로 한다. 그 이외에 어휘적 기능을 하던 것이 문법적 기능을 하거나, 문법적 기능을 하는 형태의 일부가 되는 것도 문법화에 속하는데, 이들을 묶어서 '어휘형태소>문법형태소'로 보기로 한다.

문법화를 이렇게 규정한 것은 최형용(1997)과 공통점이 있다. 최형용(1997 : 54)에서는 문법화를 '문법범주화'와 '문법형태화'로 대별하면서, 문법형태화를 다시 '어휘형태소>어휘형태소, 어휘형태소>문법형태소, 문법형태소>문법형태소'의 세 유형으로 구분하고 있다. 하지만 이 중에서 '어휘형태소>어휘형태소'는 공시적으로 여전히 어휘형태소이므로 어휘형태소 내부의 변화인 것이다. '어휘형태소>문법형태소'는 어휘형태소가 문법형태소로 바뀐 것이므로 문법화의 전형으로 간주될 수 있고, '문법형태소>문법형태소'의 결과물이 문법형태소이므로 문법화의 한 유형으로 간주될 수 있다.

이처럼 이 책은 문법화를 결과물뿐만 아니라 그 과정에 있는 형식도

---

2) 안주호(1997 : 41)에서는 '문법화 현상'이라고 일컬어지는 형태들의 문법화 진전 정도를 세 단계로 나누어 보고 있다. 문법화 제1단계는 자립적 어휘소들이 다의화 되면서, 의존적으로 쓰이게 되는 단계이다. 이것은 본동사에서 보조동사로, 자립명사에서 의존명사로 되는 단계이다. 제2단계는 보조동사나 의존명사가 선후의 요소들과 결합되어 의존도가 높아지고, 제약적으로 쓰이는 접어(clitic)로 되는 단계이다.

함께 논의하기로 한다. 그리고 어휘형태소에서 문법형태소로 형성된 것 뿐만 아니라 문법형태소에서 문법형태소로 형성된 것도 문법화의 범위에 넣고 논의하기로 한다. 다음에서 이를 바탕으로 문법화와 관련한 다른 내용을 논의하여 복합 조사의 개념을 확립하고자 한다.

## 2.1.1. 문법화의 기제

문법화를 연구할 때 문법화의 기제, 즉 문법화가 어떠한 장치에 의해 이루어지는지를 살피는 것은 아주 중요하다. 그동안 학자들은 많은 문법화 기제들을 제시해 왔다. 여기서는 선행 연구를 바탕으로 그중에서 '은유(metaphor)', '재분석(reanalysis)', '융합(fusion)', '유추(analogy)' 등 중요한 몇 가지에만 대해 살펴보고자 한다.

일반적으로 문법화와 관련해서 의미의 변화는 은유에 의한 것으로 설명된다. 그동안 은유의 정의에 대하여는 많은 논의가 있었다. Lyons(1977 : 103)는 형태와 의미간의 복잡한 도상성의 한 유형이라고 정의하였다. Lakoff & Johnson(1980), Claudi & Heine(1986) 등 학자들은 은유를 '어떤 대상을 다른 종류의 대상으로 경험하는 것, 구체적인 것으로부터 추상적인 것으로의 전이'라고 파악하는 데에 의견을 같이한다.

문법화의 기제로 사용되는 은유에 대한 가장 적절한 예는 시공간 표지의 발달을 포함하는 이른바 존재론적 범주의 변화를 지적한 Heine et al.(1991a, b)의 연구이다. Heine(1992)에서는 신체 부위 용어가 처격으로 발전하는 경우, 공간어가 시간어로 발전하는 경우 등을 '공간은 대상물이다, 혹은 시간은 공간이다'와 같은 은유에 대해 논의하고 있다. 이것을 한국어에 적용하여 다음과 같이 구체적으로 설명할 수 있다.

(1) 가. 그 사람 <u>뒤에</u> 흙이 묻었다. 신체
　　나. 그 건물 <u>뒤에</u> 주차장이 넓다. 공간
　　다. 한 시간 <u>뒤에</u> 만나자. 시간
　　라. 나는 수학에서 많이 <u>뒤진다</u>. 질

(이상 이성하, 1998 : 224)

(1가)의 '뒤'는 신체 부위의 명칭을 나타내고 있고, (1나)의 '뒤'는 공간 위치를 나타내고 있고, (1다)의 '뒤'는 시간의 위치를 나타내고 있고, (1라)의 '뒤'는 질의 위치를 나타내고 있다. 이와 같이 (1)의 '뒤'는 처음으로 구체적인 신체 부위를 나타내는 데에 출발하여 공간의 위치를 나타나는 것으로 전이되다가 다음으로 시간의 위치도 나타내게 된 것이다. 그리고 마지막 단계에서 완전히 추상적으로 사람의 능력이나 수준 따위가 뒤떨어지거나 못 미친다는 의미로 쓰이게 된다. 이렇게 구체적인 신체 부위에서 추상적인 질까지의 발달 과정이 바로 이른바 은유란 것이다. 그 범주들의 이동 방향을 대체로 다음 (2)와 같이 정리할 수 있다.

(2) 사람＞물체＞행위＞공간＞시간＞질

(2)는 은유에 의한 존재적 범주들의 이동 양상이다. 예문에서 보여준 것처럼 이들은 먼저 '사람'을 나타내는 것에서 출발하여 '물체, 행위, 공간, 시간, 질'로 발전한다. 많은 언어에서도 이러한 은유적 전이가 보인다.
　한편 의미 변화의 기제로 환유를 설정하기도 한다. 환유는 은유와 매우 밀접한 관계를 맺고 있다. 특히 은유와의 관계에서 용어의 정의상의 차이 때문에 혼란이 야기되는 경우도 많다. 일부 학자는 은유를 수사법상의 상위어로 보고 그 은유의 하위어로서 다시 은유와 환유가 있는 것처럼 분석함으로서 은유를 일종의 총칭어로 사용한다. 또 다른 학자는

은유와 환유는 단순한 병렬적 관계로서 수사법의 여러 기교 중의 원소들로 본다. 이성하(1998 : 231)에서는 Heine et al.(1991a) 등에서 제시한 '어떤 방식으로 한 대상이 다른 대상에 연속성을 가지고 있을 때에 그것을 이용해 그 연속성 있는 대상을 지칭하기 위해 쓰는 수사법의 일종'이란 환유의 정의를 인용하면서 환유를 문법화 기제의 하나로 간주하고 있다.

이처럼 환유는 문법화와 일정한 관계를 가지고 있다. 하지만 한국어 복합 조사를 형성하는 과정에서 환유란 기제를 적용한 예시를 확인하기 어려우므로 이 책에서는 이를 검토하지 않기로 한다.

재분석이란 표면적으로 나타나지 않고 직접적으로 관찰이 가능하지도 않은 표현 구조의 변화이다. 다시 말하면 재분석은 기존 언어 형태의 경계를 재설정하는 것이다. 김성용(2002 : 12)에서 언어 형태 경계의 재설정을 가능하게 하는 것은 언중들이 경계를 인식하는 방식의 변화로 기인한다고 하였다. 즉 이는 결합 형식을 원래의 구조가 아닌 다른 구조로 인식하려는 언중의 심리적 태도이다.[3]

다음 예문을 통해 재분석에 대해 알아본다.

(3) 가. 너 학생이잖아.
나. 너 학생이지 않아?

(3)´ 가. [[-지]#[않-]]
나. [-[지 않]-]
다. [-잖-]

---

3) 서태룡(1987 : 11)은 '재분석'을 '통합형을 그 구성 요소로 분석하여 그 형태와 의미의 관련성을 설명하는 것'으로, '재구조화'를 '둘 이상의 구성 요소가 결합하여 하나로 인식되는 통합형을 구성하는 것'으로 정의하고 있다. 그런데 문법화에서 재분석은 '통합형'에 대한 직접적인 분석이라는 측면보다는 연결 형식에 대해 언중이 새로운 구조로 인식하려는 심리적인 요인으로 사용하는 경향이 강하다. 이는 서태룡(1987 : 11)의 '재구조화'와 비슷한 개념으로 볼 수 있다.

(3가)의 '-잖-'은 현대 한국어에서 '확인'의 의미를 나타낸다고 본다. 이때의 (3가)는 일반적으로 (3나)와 같은 의문문에서 온 것으로 보인다. (3나)는 화자가 청자가 학생인 것을 알고 있는 전제하에 이루어진 것이다. 이러한 '-지 않-'은 원래 (3가)′처럼 분석하는 것이다. 하지만 이러한 구성은 (3나)′처럼 그 사이에 있는 경계(#)가 사라지고 (3다)′처럼 하나의 문법 형태소로 재분석하게 된다. 이렇게 재분석하게 된 '-잖-'은 여전히 '-지 않-'이 가지고 있던 원형식의 '확인' 의미를 유지하고 있는 것이다.

한편 이러한 재분석의 결과가 반드시 문법화로 이어지는 것은 아니다. 예를 들자면 '첫사랑'은 '첫'과 '사랑' 사이의 단어 경계가 사라지면서 재분석이 일어나지만 문법화로 이어지지 않는 예이다. 즉 '첫사랑'은 앞의 조사화처럼 구성성분의 의미와 기능 변화가 수반되면서 재분석이 일어난 것이지만 그 결과는 문법형태소가 아닌 합성어이다.

그리고 재분석의 유형 중의 하나이면서 문법화에서 흔히 발견되는 방법은 융합이다. 일반적으로 융합이란 단어나 형태론적 경계를 넘어 둘 이상의 형태가 결합하는 것을 말한다. 이와 관련한 논의로는 안명철(1990), 이승재(1992), 이지양(1998) 등이 있다. 안명철(1990 : 125)에서는 '특정한 문법적 환경에서 두 단어 이상이 줄어서 한 단어로 됨과 동시에 문법적, 의미적 기능에 변화가 발생하는 현상'을 융합으로 정의하고 있다. 그리고 이승재(1992)에서는 '기원적으로 여러 형태가 배열되는 문법적 구성이었지만, 언어의 통시적 변화에 따라 이들이 하나의 덩어리로 굳어져 더 이상 공시적 분석이 불가능해지는 현상'을 융합으로 보고 있다.

한편 이지양(1998 : 30-31)에서는 이와 달리 다음과 같이 융합에 대한 정의를 하고 있다.

(4) 연결형에서 완전한 단어(full word)에 음절수 줄이기가 일어나 의존 요소로 재구조화되는 현상.

(4)에서 융합은 통사 단위 결합체를 구성한 단어를 대상으로 한다. 그리고 이때의 융합은 형태론적으로 음절수 줄이기라는 특성을 가지고 있다. 또한 융합의 결과는 의존 요소가 만들어진다는 점이 특이하다.

(5) 가. 가라고 하신다>가라신다.
　나. 밝+사돈 → 밧사돈>밭사돈, 박장기<바둑장기
　다. ㅅ 그에>께

(이상 이지양, 1998)

(5)는 이지양(1998)에서 융합의 예로 제시한 예이다. (5가)는 '가라고 하신다'의 통사적 구성에 융합이 일어난 것으로, 원형식의 의미와 기능의 변화는 보이지 않는다. 그리고 그 결과물도 여전히 구이다. (5나)는 단어 사이에서 융합이 일어난 것으로, 이 또한 의미나 기능 면에서 변화한 것으로 볼 수 없다. (5다)는 중세국어의 'ㅅ+그에 / 긔 / 게' 구성의 융합형이다. 이 구성은 구성 성분의 의미와 기능에 변화가 있고, 또한 변화의 결과가 문법형태소이므로 문법화한 것으로 볼 수 있다. 즉 (5가)는 단순히 융합이 일어난 것으로, (5나)는 융합이 일어나 어휘화한 것으로, (5다)는 융합이 일어나 문법화한 것으로 볼 수 있다.

이지양(1998)은 안명철(1990), 이승재(1992)와 달리 '의미와 기능'의 변화를 보이지 않는 예를 융합에 포함하고 있다. 이지양(1998 : 198-199)에서는 융합되기 전의 형식과 '통사, 의미적으로 동일하고 음운, 형태적으로 차이가 나는 형식'을 '단순 융합형'으로, 융합되기 전의 '완전한 형식'으로 환원이 불가능한 형식을 '진전된 융합형'으로 구분하고 있다. 여기서 '진전된 융합형'은 대부분 어휘화한 것이거나 문법화한 것으로 볼 수 있다. 이와 같이 융합은 문법화를 일으키는 기제 중의 하나이다. 하지만 '가라신다'처럼 융합이 반드시 문법화를 전제로 일어나는 것은 아니다.

마지막으로 유추에 대하여 살펴본다. 많은 논의에서 유추를 문법화의 중요한 기제로 간주하고 있다. Meillet(1912)에서는 유추를 문법에서의 불규칙성, 특히 형태론적 수준의 불규칙성이 규칙화되는 과정으로 정의하였다. 그 기제는 '균형(proportion)' 혹은 균등성으로 여겨졌다. 그래서 단-복수 교체형인 cat-cats를 고려해 볼 때, child-children을 child-childs로 유추하는 것을 생각해 볼 수 있다. 이와 달리 Heine(1991a)은 '유추란 은유적 전이와 문법화적 과정에 있어서의 원인으로가 아니라 단지 관계로서 보아야 하며, 유추는 그 자체로서는 아무런 설명력을 갖지 못한다'고 주장하였다.

또한 이성하(1998 : 228)에서는 유추는 계열상의 변화뿐 아니라 역성법(back-formation)에 의한 단어 형성, 즉 조어법에도 영향을 미친다고 말하고 있다. 반면에 한용운(2003 : 76)에서는 유추가 문법화의 확산에 기여하는 것은 사실이지만 유추를 문법화의 직접적인 기제로 볼 수 없다고 하였다. 이 논의에서는 '이-'가 지정사로서의 특징이 약화되면서 '이-'의 활용형이었던 '이나, 이라도' 등이 문법화되는 것을 유추하여 다른 '이-' 활용형도 같은 방식으로 문법화하려는 경향이 있지만 이러한 유추는 이미 문법화가 이루어진 형식에도 작용한다는 것을 설명하였다. 이 책도 이와 같은 입장에서 유추를 규칙으로 보지 않고, 다만 문법화 전반에 걸쳐 유사한 환경에 있는 형식들을 음운, 형태, 통사적으로 동일한 것으로 만들려는 경향으로 본다. 이처럼 유추는 문법변화의 확산에 중요하지만 불규칙성을 갖고 있는 언어 형태를 일관성 있게 만들기에 너무 무리하다고 할 수 있다.

이상에서 문법화와 관련하여 '은유', '재분석', '융합', '유추'에 대해 살펴보았다. 이 기제들이 각각 독립적으로 문법화를 유발하는 것이 아니다. 대부분의 경우에는 이들 중의 몇 개가 같이 혹은 단개별로 작용하면서 문법화가 이루어지는 것이다. 따라서 하나의 기제가 모든 문법화 현상을 공통적으로 설명할 수 없다. 그리고 이러한 기제들이 서로 분명한 경계를 갖고 있는 것이 아니라 중복되어 있는 영역도 있다.

> (6) [[NP]ㅅ]#[ᄀ장] > [NP]#[[ㅅ][ᄀ장]] > [NP]#[ᄭ장] > [[NP]ᄭ장]
> ① _____
> ② _____
> ③

(6)의 ① 단계의 'NP＋ㅅ#ᄀ장'에 있어서 'ᄀ장' 앞에 있던 어절의 경계가 'ㅅ' 앞으로 옮겨 가는 현상은 재분석으로 설명할 수 있다. 그리고 재분석의 결과로 'ㅅ'과 'ᄀ장'의 통합관계가 굳어지면서 융합하여 ② 단계의 새로운 형태로 형성된다(이규호 2007 : 180). 그리고 마지막 ③ 단계에서 다시 재분석이 적용되어 연속 구성인 'NP#ᄭ장'에서 어절의 경계가 사라지고 'ᄭ장'이 조사로 형성된다. 이러한 과정에서 통사적으로 범주의 변화가 일어난 것뿐만 아니라 의미적으로도 변화가 일어났다. 다시 말하면 처음의 'ㅅ#ᄀ장'의 'ᄀ장'은 주로 장소 등 구체적인 의미를 나타냈는데, 문법화 진도에 따라 시간이나 행위의 범위 등 추상적인 의미를 나타내게 되었다. '까지'처럼 이렇게 구체적인 의미에서 추상적인 의

미까지 나타내게 된 것은 바로 이 과정에서 은유라는 문법화 기제가 적용되었기 때문이다. 이러한 기제들은 문법화 과정에서 같이 적용하거나 단계별로 적용한다. 따라서 복합 조사화하는 과정에서도 이러한 기제들이 같은 방법으로 복합 조사를 만든다.

## 2.1.2. 문법화의 연속성과 정도성

언어는 점진적으로 변한다. 이러한 점진적인 변화는 한 가지 형태로 변한 후에 끝나지 않고 연속적인 변화를 일으킨다. 이런 현상은 일반적으로 연속변이(cline)라고 한다. 즉 문법화 현상이 토막토막 끊어지듯이 분절적인 것이 아니라 마치 경사면을 따라 흩어져 있는 것처럼 언어 변화가 어떤 경로를 따라 연속적으로 배치되어 있음을 가리키는 것이다.

이러한 연속변이와 유사하지만 특별한 경사를 상정하지 않고 변화의 연속성을 설명하려고 하는 '연속선(continuum)'이라는 용어가 있다. 연속선도 개념적으로는 연속변이와 같은 것이지만, 이성하(1998 : 136)에서는 대개 그 연속선 양 끝에 위치한 두 개의 개념들이 양극화되어 있음을 부각시키고 문법소들이 그 연속선상에 흩어져 있음을 강조하려고 할 때 연속선이라는 용어를 사용한다고 하였다.

또한 연속변이와 관련되어 쓰이는 개념 중에 문법화의 연쇄(grammatica-lization chain)라고 하는 것이 있다. Heine(1992)에서는 문법화의 특징을 '문법화의 정도'와 '인식적 관계' 두 가지의 패러미터로 나누었다.

(7) 가. 문법화의 정도 : 문법화의 연쇄는 문법화 정도에 따라 규정지을
　　　　수 있는데, 문법화의 연속선상에서 가장 왼쪽에 있는 것은 가

장 덜 문법화되어 있고 오른쪽에 있는 것은 가장 많이 문법화
되어 있으며, 오른쪽에 근접할수록 더 문법화된 것이고, 이 선
상에 있는 형태들은 서로 가까울수록 문법화 정도가 비슷하고
의미도 비슷하다.

나. 인식적 관계 : 문법화의 연쇄는 특정한 핵심 구성원이 없는, 일
종의 '가족닮음 범주(family resemblance category)'의 특징을 가
지고 있다(이성하, 1998 : 140).

Heine(1992)에 의하면 문법화의 연쇄란 가족닮음 범주들이 이루고 있
는 하나의 연속선이다.[4] 그리고 이런 하나의 연속선상에 있는 구성원들
사이의 경계를 구별하는 것도 그리 쉬운 일이 아니다. 따라서 이들 구성
원들을 분별하기 위해서는 문법화의 정도를 이용할 수밖에 없다. (7가)
에서 제시한 대로 연속선상에서 가장 왼쪽에 있는 것은 문법화의 정도
가 가장 약하고, 가장 오른쪽에 있는 것은 가장 많이 문법화되어 있으므
로 문법화의 정도가 가장 강한 것이다.

이처럼 문법화의 연속성은 한 언어 형식이 끊어짐 없는 변화를 겪어
왔으며 그 변화가 종결된 것이 아니라 지금도 진행 중이라는 뜻이다. 그
러므로 문법화가 진행되고 있는 단어들은 문법화가 더 진행되고 덜 진
행되고의 차이를 가질 뿐이다. 이러한 문법화의 특성은 정도성으로 파악
할 수 있는데 이 책도 문법화 과정에서 정도성의 차이가 있다고 본다.[5]

---

4) 이성하(1998 : 140 각주 6)에서 가족닮음 범주(family resemblance category)란 Wittgenst-
ein(1953)에 의해 처음으로 도입된 개념이라고 하였다. 가족닮음의 구성원들은 마치 AB,
BC, CD, DE…와 같이 한 구성원은 다른 구성원과 조금씩의 공통자질을 가지고 있지만,
모든 구성원이 공통적으로 가지고 있는 자질은 없다는 특징을 가진다.

5) 안주호(1996)에서 문법화의 과정을 설명하기 위해 문법화의 단계라는 개념을 가져왔다.
여기서 말하는 단계란 문법화의 연속성 혹은 지속성을 설명하기 위한 것으로 끊어짐 없
는 변화의 모습을 말한다. 그렇기 때문에 각 단계에서 나타나는 특징들이 인접한 단계의
단어들에서 공통적으로 보이는 것이다. 그는 이를 정도성의 개념으로 설명한다. 문법화의

언어 체계가 끊임없이 변하는 유동적인 체계임을 고려할 때 문법 기술에 정도성을 반영하는 것은 합리적이라 할 수 있다.

이와 관련하여 생각해 볼 또 하나의 문제는 문법화론의 '범주의 유동성'(fluidity catergories)이다. 이는 단어의 문법 범주가 연쇄적으로 변화함으로써 어휘 범주와 문법 범주 간이나 문법 범주 간의 분명한 경계를 긋기가 어렵다는 것이다. 가장 극단적인 형태의 변화는 다음과 같이 범주성의 연속적 변이로 나타난다.

    (8) 주범주(major category)(>형용사/부사)>부범주(minor category)

                              (김은일 외 역, 1999 : 138)

이 도식에서 주범주는 명사와 동사이며, 부범주는 전치사, 접속사, 조동사, 대명사, 지시사이다. 형용사와 부사는 주범주와 부범주 간의 중간정도이고, 종종 동사와 명사들로부터 각기 직접 파생되는 것을 보인다. 이와 같은 범주의 유동 양상은 '밖'을 통해 더 구체적으로 알아볼 수 있다.

    (9) 가. 밖에서 기다릴게.
        나. 그것은 상상 밖의 일이야.
        다. 한 사람밖에 안 왔어.
        라. 그 일을 포기할 수밖에 없다.

(9가)의 '밖'은 구체적인 장소나 위치를 나타내고 있고, (9나)의 '밖'은 '상상'이란 추상적인 명사에 붙어 쓰여 추상적인 영역을 나타내고 있다. (9가, 나)의 '밖'은 모두 명사로 쓰이지만 하나는 구체적인 것이고, 하나

---

단계란 문법화가 얼마나 진행되었는가를 말하는 것으로 이는 결국 문법화의 정도가 얼마나 진행되었는가를 말하는 것이다.

는 추상적인 것이다. 한편 (9다)의 '밖'은 '사람'에 붙어 쓰인 것인데, 이 때의 '밖'은 꼭 '안'과 같은 부정어(不定語)와 같이 실현되어야 한다. (9라)의 '밖'도 마찬가지이다. 즉 (9다, 라)의 '밖'은 반드시 부정어(不定語)와 같이 실현되는 조사이다. 이와 같이 (9가, 나)의 '밖'의 문법 범주는 명사이고, (9다, 라)의 '밖'의 문법 범주는 조사이다. 문법화의 연속성과 정도성에 따르면 '밖'의 이러한 용법은 (9가)에서 (9나)로 바뀌었다가 다시 (9다, 라)로 바뀐 것이다. 이처럼 일정한 형태가 문법화 과정에서 한 범주에서 다른 범주까지의 용법을 갖게 되는 경우가 많다. 일부 학자들은 이를 품사의 통용이라고 하기도 한다.

이처럼 범주는 칼로 자르듯이 분명한 경계를 지닌 절대적인 것이 아니라 늘 유동적인 것이므로 하나의 단어에 일관된 범주를 하나씩 정해 주는 것은 불가능하다. 따라서 앞으로 문법화 형태를 고찰할 때 범주의 유동성은 기본적인 전제가 될 것이다.

### 2.1.3. 문법화와 주관화

주관화(subjectification)란 주로 언어 형태의 의미적 변화를 설명하는 것으로서 언어 형태의 의미가 변화할 때 덜 주관적인 의미에서 점점 더 주관적인 의미의 방향으로 이동한다는 것이다(이성하, 1998 : 153). 즉 명제 혹은 외연 위주의 의미에 화자가 자신의 관점을 투사함으로써 점점 주관적인 의미로 변화해 가는 과정을 가리키는 것이다.

많은 언어에서 화자의 관점을 표시하는 문법소들이 있는데 이들은 대부분이 주관화의 산물로 볼 수 있다. 예를 들어 '앉다'와 같은 형태는 화자의 부정적인 관점을 표시하는 문법소로 발전한 예이다.[6]

(10) 가. 바닥에 <u>앉아서</u> 책을 읽었다.

　　나. 사장 자리에 <u>앉다</u>(이상 『표준』).

　　다. 웃기고 <u>앉아</u> 있네(이선웅, 1995 : 103).

(10)은 모두 '앉다'가 쓰인 문장이다. 이 중에서 (10가, 나)의 '앉-'은 일정한 처소를 나타내는 선행어 '바닥', '사장 자리'와 결합하여 쓰이는 자동사이다. 한편 (10다)의 '앉-'은 '웃기-'의 활용형 뒤에 분포하고 있으며 연결 어미 '-아'가 붙어 쓰이므로 보조동사이다.7) 문법화에 따르면 (10다)의 보조동사 '앉-'은 (10가)의 본동사 '앉-'에서 형성된 것이다. 다음에서 이러한 문법화 과정에서 일어난 주관화 현상에 대하여 알아본다.

(10가)의 '앉-'은 사람이나 동물이 윗몸을 바로 한 상태에서 엉덩이에 몸무게를 실어 다른 물건이나 바닥에 몸을 올려놓는다는 의미를 나타낸다.8) 이는 역시 또한 '앉-'의 기본적인 의미이다. (10나)의 '앉-'은 (10가)의 '앉-'의 의미를 추상화하여 어떤 직위나 자리를 차지한다는 뜻을 나타낸다. 그리고 (10다)의 '앉-'은 (10가)의 '앉-'의 의미처럼 지속적으로 앉아 있는 자세를 하기 때문에 오랫동안 활동이 없어지게 되어 경멸할 만하다는 의미를 갖게 된다. 문법화의 연속성과 정도성에 따라 설명하자면 (10가, 나)의 '앉-'의 의미는 구체적인 동작에서 은유의 과정을 거쳐 직위나 자리를 차지한다는 것으로 추상화된다. 그러다가 다시 (10다)와 같이 화자의 부정적인 태도를 나타내게 된다. 이처럼 문법화의 과정 중

---

6) 이성하(1998 : 156)에서 이와 비슷한 논의를 하고 있다.

7) '앉다'가 보조용언으로 처음 인정된 것은 김기혁(1987)에서이다. 그리고 이선웅(1995)에서는 보조용언 '앉다'와 '자빠지다'는 선행 동사의 행위에 대해 경멸을 표시할 때 구어체에서 흔히 사용한다고 하였다.

8) 『표준』에서 '앉다'의 뜻풀이 「1」이다.

(10다)의 '앉-'의 의미에서 화자의 주관 감정이 많이 들어 있다는 것은 바로 주관화와 관련된 것이다.

위와 같이 문법화 과정에서 의미의 변화는 항상 화자의 주관적인 의지가 첨가되어 있다. 이와 같은 의미의 변화는 앞에서 논의하였던 문법화 기제인 '은유'와 밀접한 관계를 갖고 있다. 왜냐하면 문법화 과정에서 구체적인 의미에서 추상적인 '태도'나 '감정' 등으로 의미 변화가 일어나게 하는 것은 바로 은유에 의한 것이다. 따라서 (10다)는 은유와 주관화가 같이 적용한 결과이다.

주관화 현상은 복합 조사와도 밀접한 관계를 가지고 있다. '너는 찬밥이나 먹어라'에서 쓰인 '이나'와 같은 보조사는 화자의 감정이나 태도를 표현하기도 한다. 마찬가지로 일부 복합 조사도 이와 같은 기능을 한다. 복합 조사의 이러한 기능은 주로 문법화하는 동시에 주관화와 관련된다. 즉 복합 조사로 형성되는 문법화 과정에서 주관화 현상이 많이 일어나면 어휘적 의미를 더 많이 담당하는 것이고, 주관화 현상이 덜 일어나면 문법적 기능을 더 많이 담당한다는 것이다.


## 2.2. 복합 조사의 설정[9)]


### 2.2.1. 복합 조사와 관련한 문제점

복합 조사의 개념은 한국어학 논의에서 유용하게 사용되어 왔으며 최

---

9) 유경화(2014 : 101-120)의 일부를 가져온 것이다.

현배(1937/1980), 김상대(1993), 김진형(2000), 한용운(2004), 이규호(2007) 등에서 복합 조사와 관련한 여러 문제들이 진지하게 검토된 바 있다.10) 이와 같은 기존 연구가 있음에도 불구하고 복합 조사 개념의 사용에 있어서는 아직도 몇 가지 문제점을 발견하게 된다.

첫째, 복합 조사의 성립 가능성에 관한 문제이다. 복합 조사를 연구하는 초기 단계에는 이를 조사와 조사의 연속 형식으로 인식하였다. 최현배(1937/1980 : 702-705)은 두 개의 조사가 연속할 때 두 조사가 우선적으로 결합하여 하나의 단위를 이루는 것으로 보았다. 이것을 토씨와 토씨가 어울러서 된 '벌린 겹씨'라고 하였는데, 바로 복합 조사에 해당한다. 다시 말하면 연속하여 쓰인 두 조사를 단어 형성법의 차원에서 복합어로 규정한 것이다. 그의 견해는 현재에 이르기까지 학계에 널리 통용되어 왔는데, 그동안의 이러한 사정이 사전 편찬자들에게도 영향을 미쳤다.

(11) 가. 둘 이상의 조사가 모여서 된 조사. '보다는', '까지를', '에서
      도' 따위가 있다. =겹토씨. 『표준』
   나. 둘 이상의 토씨가 결합한 것. =복합 조사. 『큰사전』11)

(11가)는 『표준』에서 '복합 조사' 항목의 뜻풀이 내용을 가져온 것이다. (11나)는 『큰사전』에서 '겹토씨' 항목의 뜻풀이 내용을 옮긴 것이다. 현행 학교문법에 따라 조사는 단어로 대접을 받기 때문에 일반적으로 사전에 오를 자격을 가진다. 그러나 (11가)에서 제시한 '보다는, 까지를, 에서도'는 두 개의 조사가 모여서 된 조사이지만 사전에 오르지 않고 있

---

10) 1.4.를 참조
11) 조선어 학회가 1929년에 시작하여 한글 학회가 1957년에 완성하여 편찬한 사전이다. 앞
    으로 『큰사전』으로 표기하기로 한다.

다. 이것은 또한 두 사전에서 복합 조사란 개념을 기술하는 데에 가장 큰 문제이기도 하다. 즉 일반적인 조사는 사전에 등재되어 있지만 복합 조사는 사전에 등재되지 못하는 것이다. 그 이유는 무엇일까. 이는 한국 어 조사의 특성과 관련이 있다. 한국어 조사의 선행어는 명사나 명사구 이어야 한다는 특성이 있다. 그리고 이런 점에서 김상대(1992)에서는 한 국어에서 '조사+조사' 구성이 가능하지 않다는 점을 강조하면서 '복합 조사'라는 용어의 사용이 부당하다고 지적하였다. 즉 복합어의 구성 성 분은 어휘형태소이어야 하므로 문법형태소들 간의 결합인 복합 어미나 복합접사와 같은 구성이 있을 수 없는 것처럼 복합 조사도 구조적으로 실현될 수 없는 것으로 본다는 관점이다.

한편 김상대(1993)에서는 복합 조사의 생성 가능성을 배제하는 입장을 유지하지만 이론과 달리 실제로는 다음과 같이 복합 조사로 간주할 수 밖에 없는 예가 있다고 하였다.

(12) 가. 일본<u>으로부터</u> 돌아왔다.
　　　나. 학생<u>으로서</u> 책임을 다 한다(김상대, 1993 : 25).

김상대(1993)에서 (12가)의 '으로'는 일반적으로 쓰인 '으로'가 가진 '방 향'의 의미를 지니지 않으며 단지 돌아왔다는 '출처'를 나타내는 데 관여 하는 것으로 이해되므로 '일본으로부터'의 직접구성 성분 분석은 '[[일본으 로]부터]'가 아니라 '[일본[으로부터]]'로 이해한다고 하였다. 즉 '으로부 터'는 단순히 조사 '으로'와 조사 '부터'의 연속적으로 쓰이는 형식이 아니 라 하나의 조사로 굳어져 쓰인 복합 조사임의 가능성이 크다는 것이다. 마찬가지로 (12나)의 '으로서'도 단순히 조사 '으로'와 조사 '서'의 결합 형 식이 아니라 하나의 조사로 굳어져 쓰인 복합 조사일 가능성이 크다.

김동식(1996)에서는 조사들 가운데 한 체언에 연속적으로 결합되어 쓰인 경우를 '조사 구성'과 '복합 조사'로 나눴다. 그중에서 새로운 조사를 형성한 것은 '복합 조사', 문맥에서 통사적으로 결합되어 쓰인 것은 '조사 구성'이라고 하였다. 즉 조사와 조사가 연속적으로 쓰인 것이 새로운 조사로 형성된다면 복합 조사라고 할 수 있다는 주장이었다.

이 책은 공시적 관점에서 통사적으로 조사 뒤에 다시 조사가 결합하여 하나의 조사로 쓰이지 못하지만 이들이 문법화 과정을 통해 '로부터', '이란' 등처럼 하나의 조사로 형성될 수 있다고 본다. 한용운(2004), 김진형(2000), 이규호(2007) 등에서도 이와 같은 입장을 밝히고 있다. 다시 말하면 복합 조사라는 개념의 성립은 가능하다.

둘째, '만큼도'와 같은 형식을 복합 조사라고 부를 것이냐 합성 조사라고 부를 것이냐 하는 용어의 문제이다. 앞에서 우리는 '만큼도', '으로부터'와 같은 형식을 복합 조사라고 하였다. 그리고 많은 학자들은 이렇게 부르기도 한다. 그러나 복합어의 입장에서 보면 이는 적절하지 않다고 할 수 있다. 한용운(2004 : 147, 각주5)에서는 전통적으로 '복합'이라는 용어는 어휘형태소에 적용하는 것이 일반적인데, 이를 문법형태소에 적용한 것은 문제가 될 수 있다고 하였다. 그럼에도 불구하고 복합 조사란 용어가 사전이나 최근의 논의에서 사용되고 있어 일단 이 용어를 그대로 쓰기로 한다고 하였다. 이규호(2007)도 이와 같은 입장이다.[12]

한편 김진형(2000)은 합성 조사란 명칭을 선택하였다. 이 논의에서는

---

12) 이규호(2007 : 51)에서 '이다' 활용형이 조사화한 '인들, 이며'를 예로 제시하고 있다. 이 논의에서 이들 조사는 합성 조사임에는 틀림이 없으나 파생조사라고도 할 수 없고, 그렇다고 복합 조사라고도 할 수 없는 것들이라고 하였다. 결국 결론적으로 합성 조사, 파생 조사, 복합 조사라는 개념이 둘 이상의 형태소가 굳어져서 조사가 된 구성을 설명하기에는 모두 적절하지 못한다고 하였다.

'합성 조사' 혹은 '복합 조사'라는 개념은 공시적으로 조사들이 연속 통합되는 구성에 대하여 사용할 수 없지만 통시적으로 둘 이상의 요소가 결합하여 하나의 조사처럼 인식된 경우에 대하여는 사용하는 것이 가능하다고 하였다. 그가 '합성 조사'란 명칭을 택한 이유는 '합성 조사'의 기원 형식을 모두 조사와 조사의 연속 구성에 국한해서 보았기 때문이 아닐까 싶다. 왜냐하면 단어의 분류 방법에 따르면 조사와 조사의 연속 구성으로 하나의 조사가 된 것에 대해서 '복합 조사'보다 '합성 조사'란 명칭이 더 적절하다고 할 수 있기 때문이다. 그러나 앞에서 논의한 대로 복합 조사의 기원 형식은 단순히 조사와 조사의 연속 구성이 아니다. 따라서 이러한 점에서 '합성 조사'란 명칭도 그렇게 적절한 용어가 아니라고 할 수 있다.

결론부터 말하자면 이 책은 복합 조사란 용어를 선택하여 쓰기로 한다. 그 이유는 첫째, '복합 조사'의 '복합'은 '합성 조사'의 '합성'보다 가리키는 범위가 더 넓다. 앞에서 논의한 대로 복합 조사의 기원형식은 단순히 조사와 조사의 연속 구성이 아니라, '이'계 활용형, 용언의 활용형, 명사의 곡용형과 같은 형식도 있다. 따라서 '합성 조사'란 명칭은 '으로부터'와 '으로서'와 같은 형식의 일부에만 국한하게 되는 단점이 있다. 만약 '복합 조사'라고 부르면 그 기원 형식의 범위가 넓혀지므로 이들의 목록을 더 정확하게 작성할 수 있다. 둘째, 단어의 조어법에 따르면 '합성'이란 방법은 '파생'과 같이 '복합'의 하위 부류이다. 복합 조사의 형성 과정을 보면 '합성'도 아니고 '파생'도 아니다. 즉 이들 형식을 복합 조사라고 하는 것도 정확하지 않고 합성 조사라고 하는 것도 정확하지 않다는 것이다. 이 책은 그래도 그중에서 범위가 더 넓은 '복합'이란 단어를 택하여 사용하기로 한다. 뿐만 아니라 일반적인 의미의 입장에서 보아도 구성 형식이 일치하지 않는 '복합 조사'에 '합성'보다 '복합'이 더 어울리기 때문이다.

이처럼 '복합'과 '합성'의 사용에 대하여 의견 차이가 있지만 둘 다 형태상 두 개의 형태소로 나눌 수 있고, 기능상 하나의 조사로 사용된다. 하지만 '합성'은 두 개 이상의 어휘형태소들끼리 결합되는 점과 문법형태소인 조사가 공시적으로 서로 결합하여 쓰이지 못한다는 점을 고려해서 이 책은 '복합'과 '복합 조사'란 용어를 택해서 쓰기로 한다.

셋째, 복합 조사란 무엇이냐의 문제이다. 즉 복합 조사를 어떻게 정의할 것인가가 문제이다. 앞에서 논의하였듯이 최현배(1937/1980)에서 공시적으로 조사와 조사가 이어서 쓰인 것을 복합 조사라고 한다는 것은 적절하지 않다. 하지만 이것은 복합 조사가 성립하지 못한다는 뜻이 아니다. 통시적으로 조사와 조사의 연속 구성은 문법화를 통해 복합 조사로 형성될 수 있다. 그렇다면 복합 조사란 도대체 무엇이냐, 복합 조사의 정의를 어떻게 내릴 것이냐 등은 우리가 해결하여야 하는 문제들이다.

한편 복합 조사에 대한 논의는 학자마다 다르다. 앞에서 논의하였듯이 최현배(1937/1980)에서는 복합 조사를 단순히 조사와 조사가 연속적으로 쓰인 형식으로 보았다. 한용운(2004)는 둘 이상의 조사로 이루어진 형식만으로 복합 조사를 엄격하게 한정하였다. 이규호(2007)에서는 복합 조사를 "분석 가능한 둘 이상의 형태소가 하나의 조사로 굳어진 것"이라고 정의하였다. 이처럼 복합 조사에 대한 초기단계의 논의는 단순히 두 조사의 연속 구성 형식으로 보는 입장에서 분석 가능한 둘 이상의 형태소가 하나의 조사로 굳어진 것을 보는 견해까지 나왔다. 그러나 최근에 들어와서 학자들의 복합 조사에 대한 인식에서 공통점을 찾을 수 있다. 즉 이들의 논의는 모두 복합 조사를 형태상으로 분석 가능하고, 기능상으로 하나의 조사인 것으로 주장하고 있다는 것이다. 그럼에도 불구하고 복합 조사라는 개념에 대해 일치된 의견은 아직 이루어지지 못한 상태이며, 여전히 해결되어야 하는 숙제로 남아 있다. 이 문제에 대해서는 3장에서 구체적으로 논의하고자 한다.

넷째, 파생 조사의 설정 문제이다. 단어의 하위 부류로서 파생어가 설정되어 있는 것처럼 조사의 하위 부류에도 파생 조사가 설정될 수 있는 듯하다. 여기서 파생 조사란 개념이 설정될 수 있는지, 만약 설정될 수 있다면 그 이론적인 근거가 무엇인지를 밝히고자 한다.

파생 조사를 논의하기 전에 먼저 형태소의 수량에 따라 조사를 단일 조사와 복합 조사로 나눈다. 단일 조사는 하나의 형태소로 구성된 것이고, 복합 조사는 둘 이상의 형태소로 구성된 것이다. 파생 조사란 개념이 성립한다면 그 정의는 '구성 성분의 한 쪽이 접사인 조사'일 것이다. 이에 따르면 파생 조사는 최소한 두 개의 형태소로 구성된다. 즉 형태소의 수량에 따르면 파생 조사는 복합 조사의 범위에 속한다. 하지만 이런 기술은 여러 문제점을 포함할 수 있다. 하나는 형성법과 관련된 것이다. 파생 조사는 파생법에 의해 형성되어야 하는데, 복합 조사는 통시적 문법화를 통해 형성되어야 한다. 하지만 이 두 가지 형성 방식은 서로 상하위 관계이거나 같은 부류에 속한다고 말하기 어렵다.

다른 하나는 생산성과 관련된 것이다. 구본관(1993)은 어떤 형식이 접사가 되려면 의미상의 특수화가 일어나야 하고, 또한 새로운 단어를 만들 수 있는 생산성이 있어야 한다고 하였다. 따라서 조사가 접사로 쓰이려면 공시적으로 새로운 조사를 많이 만들 수 있는 능력이 있어야 한다. 하지만 파생 조사가 복합 조사의 하위 부류라면 파생 조사도 통시적인 문법화 과정을 거쳐 형성되어야 한다. 통시적으로 형성된 파생 조사는 생산성이 있다고 보기 어렵다.

그리고 이규호(2007 : 50~51)에서는 다음과 같은 세 가지의 이유로 한국어에서 파생조사를 설정하지 못한다고 하였다. 첫째, 파생조사의 형성에 참여하는 조사는 접사의 자격을 가지고, 복합 조사의 형성에 참여하는 조사는 단어의 자격을 가진다는 것이다. 둘째, 조사가 접두사로 전성한다는 것이다. 셋째, 단어의 형성법의 규칙에 따르면 파생조사라는 개념이 언어의 실상을 왜곡한다는 것이다.

또한 남기심·고영근(1985/1993 : 207)에서 '밖에'는 명사 '밖'에 격조사 '에'가 붙어 보조사화한 것이라고 하였고, '부터, 조사'는 동사 '붙다, 좇다'에 연결 어미 '-어/아'가 붙은 말이 굳어진 것인데 현대 한국어에는 그러한 연관이 쉽게 맺어지지 않으므로 파생어로 보기가 힘든 면이 없지 않다고 하였다. 결론적으로 '밖에', '부터, 조차' 등은 구성상으로 보아 파생어의 성격이 있다는 것이지 단어 형성상으로는 그러한 분석이 큰 의의가 없다고 보았다. 이와 같은 논의를 바탕으로 이 책은 단어 형성의 차원에서 파생 조사를 논의하는 것은 어렵다고 본다.

지금까지 우리는 파생어란 개념이 쓰일 수 있듯이 파생 조사의 개념도 설정될 수 있는지를 살펴보았다. 결론적으로는 여러 가지 증거를 바탕으로 파생 조사란 개념은 설정될 수 없는 것으로 확인된다.

다섯째, 복합 조사와 복합어의 관계가 무엇이냐는 문제이다. 다시 말하면 복합 조사가 복합어이냐는 문제이다. 그리고 복합 조사의 '복합'과 복합어의 '복합'은 같은 것이냐의 문제이다. 첫 번째 문제부터 살펴본다. 단어의 분류 방법에 따르면 이 책에서 논의하고 있는 복합 조사는 단일 조사와 대응된다. 즉 공시적인 입장에서 형태소의 수량에 의거하여 하나의 형태소로 구성된 조사는 단일 조사이고, 둘 이상의 형태소로 구성된 조사는 복합 조사이다. 이는 하나의 형태소로 구성된 단어가 단일어이고, 둘 이상의 형태소로 구성된 단어가 복합어라는 일반적인 단어 분류 방법과 일치한다. 따라서 복합 조사는 복합어의 일부이다.

이제 두 번째 문제를 살펴본다. 일반적으로 한국어 복합어의 '복합'은 '둘 이상의 형태소'로 이루어진다는 것을 뜻한다. 마찬가지로 하나의 형태소로 구성된 단일 조사와 구별하기 위하여 복합 조사의 '복합'은 '둘 이상의 형태소로 구성된다(분석할 수 있다)'는 것을 뜻한다. 이와 같이 구성된 형태소의 수량에 따라 명칭을 부르는 관점에서 보면 복합어의 '복합'과 복합 조사의 '복합'은 공통적으로 '둘 이상의 형태소'로 해석될 수 있다.

하지만 복합어가 어휘적 단어 형성에 한정되고 복합 조사는 문법적 단어 형성이라는 점에서 서로 본질적으로 구분된다. 또한 복합어는 단순히 공시적으로 형성될 수도 있지만 복합 조사는 공시적으로 형성될 수 없고 오랫동안의 통시적인 문법화를 통해 형성되어야 한다. 그리고 복합어는 단어의 형성 방법에 따라 다시 합성어와 파생어로 나누어질 수 있는데, 복합 조사는 이처럼 합성 조사와 파생조사로 나누어질 수 없다.

이처럼 복합 조사의 '복합'과 복합어의 '복합'은 모두 같은 것으로 형태소 분석이 가능하다는 의미를 나타낸다. 하지만 복합 조사와 복합어의 형성 과정에서 차이를 인정해야 한다. 복합어는 어휘적 단어 형성에 한정되지만, 복합 조사는 문법적 단어 형성에 한정된다. 또한 복합어는 공시적으로 형성될 수 있는 것이지만 복합 조사는 반드시 통시적으로 형성되어야 한다.

이상에서 우리는 복합 조사와 관련한 몇 가지 문제점을 살펴보았다. 결과적으로는 복합 조사란 개념은 성립할 수 있지만 파생 조사란 개념은 성립할 수 없다. 따라서 단어의 일반 형성법에 따라 '복합'과 '합성'의 용법을 비교한 뒤 이 책은 복합이란 단어를 선택하여 복합 조사의 용어를 사용하기로 한다. 또한 이러한 복합 조사는 둘 이상의 형태소로 구성된 복합어와 같이 공시적으로 둘 이상의 형태소로 분석하는 것이 가능하다. 이때 복합 조사의 '복합'은 복합어의 '복합'과 같은 의미로 쓰이고 있다. 다만 통시적인 문법화를 통해 형성되는 과정에 있어서는 복합 조사와 복합어가 차이를 보인다.

## 2.2.2. 복합 조사의 정의

여기서는 기존 논의에서 복합 조사 개념에 대한 기술을 바탕으로 하여 복합 조사의 개념을 다시 확인해 보고자 한다.

학교문법에 따르면 조사도 단어이다. 복합 조사는 조사의 하위부류이므로 단어의 범위에 넣고 논의할 수 있다. 이러한 입장에서 복합 조사의 형성은 형태론에서 논의되어야 하는 것이다. 한편 통시적인 문법화를 통해 형성된 복합 조사는 그 형성 과정에서 기원 형식이 형태적 특성에서뿐만 아니라 통사적 특성, 의미적 특성에서 모두 변화가 일어나는 것이다. 따라서 이 책은 형태론, 통사론, 의미론적인 면에서 복합 조사의 특성을 살펴보면서 복합 조사의 개념을 기술하고자 한다.

먼저 형태론적으로 복합 조사를 살펴본다. 박재연(1998 : 37-38)에서 '통사 단위'[13)는 그 내부 구조를 대상으로 형태소의 분석이 가능하다고 하였으며 문법적인 통사 단위의 하나인 어미도 그 내부 구조에 대한 형

---

13) 박재연(1998 : 37-38)에서 통사적 기능과 통사적 결합력을 모두 갖춘 요소만을 통사론의 단위로 인정하여 이를 '통사 단위'라는 이름으로 부르고 있다.

태소 분석이 이론상 가능하다고 하였다. 즉 어휘적 요소를 가지는 통사 단위인 '보름달', '짓밟-'이 각각 '보름'+'달'과 '짓'+'밟-' 등으로 분석되는 것처럼 문법적인 통사 단위인 '-다면서'도 '-다'+'-면서'로 형태소 분석이 가능하다는 관점이다. 이에 따르면 하나의 조사로 쓰인 '로부터'도 '로'+'부터'로 형태소 분석이 가능할 것이다. 이 책에서 복합 조사는 통사적으로 하나의 단위이지만 형태적으로 이와 같이 형태소 분석이 가능하다고 본다.

한편, 기원 형식은 문법화를 해서 모두 형태소 분석이 가능한 복합 조사로 형성된 것이 아니다. 문법화 과정에 따라 더 이상 형태소 분석이 불가능한 단일 조사로 형성될 수도 있기 때문이다.

(13) ㅅ#그 > 믜 > 쎄 > 께
      ①        ②     ③

(13)은 조사와 조사의 연속 형식이 문법화를 통해서 복합 조사로 형성된 후에, 다시 문법화를 거쳐 단일 조사로 형성되는 과정이다. ① 단계는 속격조사 'ㅅ'과 의존명사 '그'가 이어서 쓰인 형식이다. 이 형식은 문법화를 해서 ② 단계의 복합 조사 '믜'로 형성되었다. 그리고 '믜'는 계속 문법화 과정을 겪어 ③ 단계의 단일 조사 '께'로 굳어졌다. 이 중에서 복합 조사인 ② 단계의 '믜, 쎄'는 형태소 분석이 가능하지만 ③ 단계의 '께'는 형태소 분석이 불가능하다.

이처럼 복합 조사가 문법화 진행에 따라 더 이상 구성 성분으로 분석할 수 없는 단일 조사로 형성된다. 따라서 복합 조사를 정의할 때 단일조사와 구별해 주는 '분석 가능하다'란 기준을 분명하게 밝혀내야 한다. 이 기준에 따라 문법화를 통해 형성된 조사가 형태소 분석이 가능하다면 복합 조사이고, 형태소 분석이 불가능하다면 단일 조사이다. 이규호 (2007 : 48)에서는 현대 한국어 '같이, 부터, 에게서'의 통시적 변천 과정을 제시하면서 '둘 이상의 형태소로 이루어진 조사라도 그 형태소들을 분석할 수 있느냐 분석할 수 없느냐 하는 것이 복합 조사를 가려내는 데에 필요한 조건이 됨을 알 수 있다'고 하였다.

이상에서 논의한 대로 복합 조사는 공시적으로 형태소 분석이 가능하다. 하지만 이는 통시적으로 형성된 하나의 단어이기도 하다. 이익섭·임홍빈(1983 : 115)에서 하나의 단어는 그 내부에 다른 단어를 개입시켜 분리시킬 수 없다고 하였다. 따라서 하나의 단어인 복합 조사도 내적 확장은 불가능하다.

> (14) 가. 마음속<u>에는</u> 아들에 대한 사랑이 남아 있다.
> 　　나. 단 며칠<u>이나마</u> 쉬고 싶다.

> (14)´ 가. 마음속<u>에만은</u> 아들에 대한 사랑이 남아 있다.
> 　　나. *단 며칠<u>이는나마</u> 쉬고 싶다.

(14가)의 '에는'은 '마음속'이라는 추상적인 장소에 대한 강조를 나타내고 있고, (14나)의 '이나마'는 '며칠'에 붙어 쓰여 시간에 대하여 불만스럽지만 아쉬운 대로 양보하는 뜻을 나타내고 있다. 이들의 용법을 확인하기 위해 (14)를 (14)´와 같이 바꿔 보았다. (14가)´처럼 '에는' 사이에 '만'이 삽입되어도 문장이 여전히 성립한다. 뿐만 아니라 '에는'은 '에로는', '에도는'과 같이 여러 요소가 삽입될 수 있다. 따라서 '에는'은 하나의 조사로 쓰인 것이 아니라 다만 조사 '에'와 조사 '는'이 이어서 쓰인 형식이다.

그러나 '이나마' 사이에 '는'이 삽입되면 (14나)´처럼 문장이 더 이상 성립하지 않는다. 이는 '이나마'가 하나의 조사이어서 그 사이에 아무 요소가 들어갈 수 없기 때문이다. 한편 '이나마'는 '이-'+'-(으)나마'로 형태소 분석이 가능하므로 복합 조사라고 할 수 있다. 따라서 내적 확장이 불가능하다는 것은 어떤 기원 형식이 복합 조사임을 판별할 수 있는 첫 걸음이다.

또한 복합 조사의 기원 형식은 다양하다. 그동안 복합 조사의 기원 형식에 대한 의견은 주로 두 가지로 나눠져 왔다. 하나는 복합 조사는 단순히 조사와 조사의 연속 구성에서 형성된 것이라는 견해이고, 다른 하나는 복합 조사는 조사와 조사의 구성 형식에서만 형성된 것이 아니라 '이다' 활용형, 용언 활용형 등 다른 형식에서도 형성될 수 있다는 견해이다. 이 중에서 복합 조사는 단순히 조사와 조사의 연속 구성에서만 형성된다고 주장하는 대표적인 논의는 최현배(1937/1980), 남윤진(2000), 김진형(2000), 한용운(2004) 등이다. 최현배(1937/1980)은 조사와 조사가 연속적으로 쓰인 것은 복합 조사라고 하였다. 남윤진(2000)은 조사에 대한 계량언어학적 연구를 진행하고 있는데 그중에서 복합 조사는 조사와 조사 간의 결합으로 만들어진다고 하였다. 그리고 김진형(2000)은 통시적으로 문법화를 통해 굳어진 조사들을 복합 조사로 인정한다고 하였으나 복합 조사의 기원 형식은 역시 조사에만 국한되어 있었다. 한용운(2004)는 둘 이상의 조사로 이루어진 형식만으로 복합 조사라고 보았다.

반면에 이규호(2000), 이정훈(2005) 등은 복합 조사의 기원 형식은 조사와 조사의 연속 구성에 국한되지 않는다고 주장한다. 이규호(2000)은 복합 명사나 복합 동사가 '명사+명사'나 '동사+동사'의 구성으로만 제한되지 않는 것과 마찬가지로 복합 조사도 '조사+조사'의 구성으로만 제한할 필요는 없다고 하였다. 이정훈(2005)는 '이'계 형식에서 온 조사들이 많이 존재한다고 하였는데, 이들은 바로 복합 조사와 관련된다고 하였다.

이 책은 후자와 같은 입장이다. 즉 복합 조사는 단순히 조사와 조사의 연속 구성에서 형성된 것이 아니라 '이다' 활용형, 동사의 활용형, 명사와 조사의 곡용형 등에서 형성되기도 한다고 본다. 이는 복합 조사의 형성 과정과 밀접한 관계를 가지고 있다. 앞에서 논의하였듯이 복합 조사는 단순히 공시적으로 형성된 것이 아니라 통시적인 문법화 과정을 통해 형성된 것이다. 따라서 이들의 기원 형식에 대하여 특별히 조사와 조사의 연속 구성이란 제한을 하지 않아도 된다. 다만 그 기원 형식은 문법화를 거치는 과정에서 형태적, 통사적, 의미적 면에서 변화가 일어나 복합 조사의 특성을 가지게 되어야 한다. 이와 같은 관점은 서론 부분에서 제시한 예문 (2)를 통해 더 분명하게 알 수 있다. (2나, 다)의 복합 조사 '로부터', '이란'은 조사와 조사의 연속 구성 형식에서 형성되기도 하지만 '이'계 활용형에서 형성되기도 한다. 이 책은 복합 조사가 형성될 수 있는 형식을 모두 포함해서 복합 조사로 형성될 수 있는 요소를 '둘 이상의 형태소'로 정하게 된다.

이상에서 논의한 내용을 정리하자면 복합 조사는 형태상으로 세 가지 특성이 있다. 하나는 형태소 분석이 가능한 것이고, 하나는 내적 확장이 불가능한 것이고, 또 하나는 기원 형식이 다양한 것이다.

다음으로 복합 조사를 통사적 관점에서 살펴본다. 앞에서 살펴보았듯이 복합 조사는 통시적으로 문법화 과정을 통해 형성된 것이다. 따라서 이러한 문법화 과정에서 기원 형식의 통사적 특성에 변화가 일어나 복합 조사의 통사적 특성이 형성된다.

(15) 가. 자장면을 먹고 나서 그릇을 대문 밖에 놓았다.
　　　나. 우리는 기차가 출발할 시간이 다가오자 먼저 차에 오를 수밖에 없었다.

(15)는 모두 '밖에'로 실현되어 있는 문장이다. (15가)의 '밖에'는 구체적인 장소 '대문'과 결합하여 명사와 조사가 이어서 쓰인 형식이고, (15나)의 '밖에'는 의존명사 '수'에 붙어 부정적 서술어 '없다'와 공기하여 하나의 조사로 쓰인다. 이 책의 관점에 따르면 이는 복합 조사이기도 하다. 복합 조사로 쓰인 '밖에'는 항상 뒤에 '없다', '아니다'와 같은 부정적인 의미를 나타내는 서술어를 요구한다. 이는 (15가)의 '밖에'와 차이가 난다. 명사와 조사가 이어서 쓰일 때 '밖에'는 문장의 용언에 대해 특별한 제약을 받지 않는다. 즉 복합 조사로 형성되면서 '밖에'의 통사적 결합 양상에 변화가 일어난 것이다.

> (16) 가. 그는 명예를 최고로 <u>치고</u> 사는 사람이다.
>     나. 서양 사람<u>치고</u> 키가 작다.
>
> (이상 한용운, 2003 : 177)

(16)은 모두 '치고'로 실현되어 있는 문장이다. (16가)의 '치고'는 목적어를 취하고 있으므로 동사의 활용형이다. 하지만 (16나)의 '치고'는 명사 '사람' 뒤에 분포하고 있으며 조사의 용법을 보여주고 있다. 이 책의 관점에서 이는 또한 복합 조사이다. 일반적으로 동사의 활용형에서 문법화를 하려면 '동사 활용형>보조사>(격조사)'의 순서가 된 것으로 알려져 있다.[14] 즉 (16나)처럼 쓰인 복합 조사 '치고'는 (16가)처럼 쓰인 동사 활용형 '치고'에서 문법화 과정을 통해 형성된 것이다. 즉 (16가)에서 (16나)까지 '치고'의 통사 범주가 바뀐 것이다.

이처럼 기원 형식이 복합 조사로 형성되는 과정에서 통사적 결합 양

---

14) 안주호(1997 : 215)에서는 이와 같은 순서를 '(의존)명사/동사>부사구>후치사구>보조사>(격조사)'로 제시하고 있다.

상과 문법 범주에 있어서 모두 변화가 일어난 것이다.

다음으로 의미적인 측면에서 복합 조사를 살펴본다. 김상대(1993 : 18)에서 복합 조사의 의미는 대부분 단순히 구성 성분들의 원래 의미가 합해진 것이 아니라 그들이 문법화를 통해 새로운 제삼의 의미로 변하게 된 추상적인 의미라고 하였다. 이는 복합 조사의 형성 과정에서 은유[15]에 따른 문법화 기제와 관련된다. 문법화 과정에서 일어난 의미의 변화는 일반적으로 은유에 의해 '구체적인 것에서 추상적인 것'으로, '물리적인 것에서 심리적인 것'으로, 그리고 '객관적인 것에서 주관적인 것'으로 변하는 경향이 있다.

> (17) 가. 우리 학교는 군청으로부터 가깝습니다.
>    나. 그녀는 그날로부터 꼬박 사흘을 밤새우며 소설을 써 내려갔다.
>    다. 이 종교는 나를 죽음의 공포로부터 해방시켜 주었다.
>
> (이상 『고려대』)

(17가, 나, 다)는 복합 조사 '로부터'가 쓰인 문장들이다. (17가)의 '로부터'는 장소를 나타내는 선행어에 붙어 쓰여 그곳이 출발점이거나 시작점임을 나타내고 있고, (17나)의 '로부터'는 시간을 나타내는 선행어에 붙어 쓰여 '그 시간을 시작으로 하여'의 뜻을 나타내고 있고, (17다)의 '로부터'는 추상적인 선행어에 붙어 쓰여 어떤 행동이나 일 따위가 비롯되는 출처나 대상임을 나타내고 있다. '로부터'의 이와 같은 의미는 단순히 방향을 나타내는 부사격 조사 '로'와 시작점을 나타내는 보조사 '부터'의 의미가 합쳐진 것이 아니다. 이는 '로'와 '부터'가 복합 조사 '로부터'

---

15) 그동안 은유의 정의에 대해서는 많은 시도가 이루어졌다. 이성하(1998 : 220)에서 대개의 학자들은 은유를 '어떤 대상을 다른 종류의 대상으로 경험하는 것, 구체적인 것으로 추상적인 것으로서의 전이'라고 파악하는 데에 동의하고 있다고 하였다.

로 형성되는 과정에서 은유란 문법화 기제가 적용되어 의미의 변화가 일어나 구체적인 장소, 시간에서 점차 추상화된 것이다.[16]

이처럼 문법화 과정에서 복합 조사의 의미는 계속 추상적으로 변해간다. 하지만 이들은 기원 형식의 의미 사이와 여전히 일정한 유연성을 가지고 있다. 이는 어느 면에서 보면 복합 조사가 형태소 분석이 가능한지 불가능한지를 판단할 수 있는 기준이기도 하다. 만약 문법화 과정을 많이 거쳐서 형성된 복합 조사의 의미와 기원 형식의 의미 사이에 전혀 연관성을 보이지 않는다면 이는 다른 단어로 인식하게 되거나 단일 조사가 형성된 것이다. 이러한 상황은 모두 형태소 분석을 할 수 없으므로 복합 조사라고 할 수 없다. 따라서 의미도 복합 조사인지 아닌지를 판단할 수 있는 중요한 기준이 된다. 한편 조사나 어미와 같은 문법형태소를 정의할 때 주로 이들의 문법 기능에 따른다. 따라서 이 책에서는 복합 조사를 정의할 때 이상에서 논의한 의미적 특성을 참고로 사용하기로 한다.

이상에서 논의한 내용을 바탕으로 이 책은 복합 조사를 다음과 같이 정의한다.

(18) 둘 이상의 형태소가 문법화를 통해 형성된 형태적으로 분석 가능하고, 통사적으로 하나의 기능을 하는 조사

'둘 이상의 형태소'는 문법화를 통해 복합 조사로 형성되는 기원 형식을 말해 준다. 복합 조사는 다만 '조사＋조사'의 구성으로 형성된 것이 아니라 '이-＋어미', '동사＋어미', '명사＋조사'와 같은 형식에서도 형

---

16) 이성하(1998 : 224)에서 문법화 기제로 사용되는 은유에 대한 이동 방향은 [물체＞공간], [공간＞시간]으로 제시하고 있다.

성될 수 있다. 이와 같은 형식을 모두 포함해서 복합 조사로 형성될 수 있는 요소를 '둘 이상의 형태소'로 정하게 된다. 그리고 이렇게 '둘 이상의 형태소'를 복합 조사로 형성될 수 있는 요소로 정한 것은 '형태소 분석이 가능한지 가능하지 않은지'의 기준으로 복합 조사와 단일 조사를 더 쉽게 구분할 수 있다는 장점도 갖고 있다.

'문법화를 통해'라는 것은 복합 조사의 형성 방법을 가리킨다. 이는 단순히 공시적 관점으로 복합 조사의 형성 과정을 명확히 설명하지 못하는 단점이 있다. 따라서 이와 같은 통시적인 문법화도 함께 이용하여 복합 조사를 정의하는 것은 보다 합리적이다. 뿐만 아니라 앞에서 복합 조사의 개념을 정립하기 위해 참고적으로 제시하였던 복합 조사의 의미적 특성도 여기서 확인할 수 있다. 복합 조사는 통시적 과정을 통해 형성된 것이므로 의미적 변화는 문법화를 통해 확인될 수밖에 없다.

그리고 '형태적으로 분석 가능하다'는 것은 두 가지 의미를 포함하고 있다. 하나는 '형태소 분석이 가능하다'는 것이다. 이는 복합 조사와 단일 조사를 구분할 수 있는 기준이다. 즉 일정한 기원형식이 문법화를 통해 형성한 조사가 복합 조사인지 단일 조사인지를 구별할 때 이와 같은 분석 기준으로 한다. 다른 하나는 '이러한 분석은 형태적으로 한다'는 것이다. 문법화 과정을 통해 하나의 단어로 굳어지면 통사적으로는 더 이상 분석하지 못한다. 하지만 형태적 분석이 가능하다는 것이다.

또한 '통사적으로 하나의 기능을 하는 조사'는 '둘 이상의 형태소'의 문법화 결과, 즉 복합 조사로 형성된 것을 뜻한다. 다시 말하면 복합 조사는 하나의 조사이므로 통사적으로 하나의 기능만을 할 수 있다는 것이다. 기원 형식은 문법화를 통해 복합 조사로 형성될 수 있지만, 만약 복합 조사로 형성될 수 있는 일정한 문법화 정도에 도달하지 못하면 이들은 그대로 원래의 용법을 가지고 있는 것이다. 그렇다면 이들은 통사적으로 하나의 기능을 하지 않는다. '둘 이상의 형태소'의 문법화 결과를 이렇게 규정한 것은 복합 조사를 조사와 조사의 연속 구성, '이-'의 활용형, 동사의 활용형, 명사와 조사의 결합형 등 기원 형식과 구별하기 위해서이다.

# 제3장

# 복합 조사의 목록 설정

복합 조사의 개념에 차이가 있는 것처럼 복합 조사의 수도 연구자에 따라 달라서 목록이 짧기도 하고 길기도 하며 일치하는 경우가 거의 없다. 적게는 3개에서 많게는 88개까지 차이가 매우 크다. 이는 연구자마다 복합 조사를 보는 관점이 일치하지 않기 때문이다. 복합 조사를 공시적으로만 보면 많은 조사와 조사의 연속 구성 형식들을 복합 조사의 범위에 넣을 수 있다. 한편 복합 조사를 통시적으로 보아도 구성 성분의 문법화 정도성의 차이에 따라 범위가 달라지기도 한다. 따라서 한 형태가 학자의 관점에 따라 복합 조사, 조사의 연속 구성 형식, 단일 조사, '이'계 활용형, 동사의 활용형 등으로 달리 분류되는 경우가 많다. 이러한 관점의 차이는 언어의 변화와 문법화에 대한 인식과 관련된다. 언어는 점진적으로 변화하고 있으며 그중에서 일부분은 문법화를 통해 문법 형태소로 바뀐다.

복합 조사의 목록을 완성하기 위해 일단 기존의 조사 목록을 제시하기로 한다. 다음으로 이러한 목록에서 조사의 연속 구성, '이'계 활용형, 동사의 활용형, 단일 조사 등 사이에 경계 요소들은 복합 조사와 구별할 수 있는 기준을 마련한다. 그리고 정해진 기준에 따라 복합 조사의 목록을 확정한다. 마지막으로 작성한 복합 조사를 문법 기능, 구성 성분, 그리고 문법화 정도에 따라 분류하기로 한다.

## 3.1. 기존 조사의 목록

여기서는 현대 한국어의 복합 조사의 목록을 작성하는 데 목표를 둔다. 하지만 이 작업은 그리 쉽지 않다. 조사의 항목들 가운데 학자에 따라 복합 조사로 인정하는 것도 있지만 인정하지 않는 것들도 있기 때문이다. 따라서 복합 조사 목록에서 제거되어야 할 항목도 있고, 새롭게 편입되어야 할 항목도 있을 것이다. 그리고 '범주의 유동성' 이론에 의하면 조사 목록에 가감(加減)이 생기는 현상은 당연한 일이다. 여기서는 복합 조사의 목록을 확립하기 위하여 먼저 현행 한국어 조사의 목록을 제시한다. 그리고 나서 그중에서 조사의 연속 구성과 단일 조사, 그리고 '이'계 활용형과 동사의 활용형 등을 가려내고자 한다.

이 책에서 전체 조사의 목록은 『표준』에 따르고, 그 가운데 표준어만을 연구 대상으로 설정하기로 한다. 또한 『연세』에서 제시한 조사의 목록과 이규호(2007)에서 제시한 복합 조사의 항목들도 함께 검토하여 목록을 보완하기로 한다.

(1) 『표준』의 조사 목록[1]

가, 같이, 거나, 게, 게로, 게서, 고, 곧, 과, 그래, 그려, 까지, 깨나, 께, 께서, 께옵서, 는, 는커녕, 다, 다가, 대로, 더러, 도, 든가, 들, 따라, 라든 지, 로, 로부터, 로서, 로써, 를, 마는, 마다, 마따나, 마저, 만1, 만2, 만치, 만큼, 밖에, 보고, 보다, 부터, 뿐, 새로에, 서1, 서2, 서껀, 서부터, 설랑, 설랑은, 손, 아, 야, 에, 에게, 에게다, 에게로, 에게서, 에다, 에다가, 에로, 에를, 에서, 에서부터, 에설랑, 에야, 에의, 엔, 엔들, 요, 의, 이고, 이나, 이나마, 이니, 이다1, 이다2, 이든, 이든지, 이라, 이라고1, 이라고2, 이라 도, 이라서, 이라야, 이라야만, 이란, 이랑, 이며, 이시여, 이야, 이야말로, 이여, 인들, 인즉, 인즉슨, 일랑, 일랑은, 조차, 처럼, 치고, 치고는, 치고 서, 커녕, 토록, 하고, 하며, 한테, 한테로, 한테서(총 112개 항목)

이와 같이 『표준』에서 제시한 조사를 방언, 옛말, 비표준어, 그리고 한 형태소의 이형태를 모두 제외하고, 표준어로 간주하여 검토 대상으로 선 정된 항목은 총 112개이다. 그러나 이 목록에 수록되지 않는 조사들이 있을 수도 있는데, 이를 『연세』의 조사 목록과 함께 검토하기로 한다. 여기서는 다만 『표준』에 등재되어 있지 않는 항목만을 제시한다.

---

1) 이규호(2007 : 94)에서는 『표준』에 등재되어 있는 총 356개 항목들 가운데 방언, 옛말, 비 표준어 따위 등을 유형별로 다음과 같은 표로 제시하고 있다.

| 표준어 | 방언 | 북한어 | 옛말 | ~의 잘못 | 총계 |
|---|---|---|---|---|---|
| 152 | 95 | 3 | 87 | 19 | 356 |

여기서는 다시 이러한 표준어 항목들 가운데 한 형태의 이형태들을 한데 묶어서 정리해 서 제시한 것이다. 표제어를 정할 때 '가/이', '과/와'와 같은 매개모음을 가지지 않는 형 태소들은 습관적으로 많이 사용된 '가', '과'로 택한다. '는/은'은 매개모음을 가지지만 습 관적으로 '는'을 표제어로 쓰인다. 그리고 '로/으로'와 같은 '으'를 매개모음으로 취하는 형태소는 이들과 결합하는 선행 요소의 말음이 모음인 경우에 따라 택하고, '고/이고'와 '이'를 매개모음으로 취하는 형태소들은 앞으로 복합 조사인지 여부를 판별하는 작업을 위하여 이들과 결합하는 선행 요소의 말음이 자음인 경우에 따라 택하기로 한다.

(2) 『연세』에만 등재된 조사 목록2)

르더러, 까지고, 까지나, 까지, 도, 께로, 나2, 라고3, 라곤, 로다, 로다
가, 로서 는, 로서도, 로서야, 로서의, 론, 만치도, 만큼도, 만큼은, 말고,
말고는, 말고도, ㅂ쇼, 보다는, 보다야, 야4, 에게다가, 에는, 에도, 에라야,
에서라야, 에서야1, 에서야2, 에서야말로, 에서처럼, 에야말로, 이든가, 이
라고는, 이라곤, 이라든가, 이라든지, 이라면, 이란2, 이랴, 이면, 이야2,
치고야, 치곤, 하고2, 하고는, 한테다, 한테다가(총 52개 항목)

이와 같이 『표준』에서는 제시하지 않고 『연세』에서만 제시한 항목들
이 총 52개 추가된다. 한편 이규호(2007)에서는 이보다 더 많은 수의 항
목들을 복합 조사로 보고 조사의 목록에 추가하였다.

(3) 이규호(2007)에서 추가된 복합 조사의 목록3)

이거나, 이거든, 이건, 이기로, 이기로서, 이기로서니, 이냐, 이네, 이니
만치, 이라3, 이라4, 이라는1, 이라는2, 이라면2, 이랍시고, 이러니, 이로서
니, 이런들, 이니만큼, 이면서, 이요, 이자, 인, 인가, 인지, 입네, 일러니,
일망정, 일수록, 일지라도, 일지언정, 일진대, 하고도(총 32개 항목)

지금까지 『표준』, 『연세』, 그리고 이규호(2007)에서 제시한 조사의 항

---

2) 여기서 제시한 목록은 이규호(2007 : 99-100)에서 제시된 총 62개 항목 중에서 비표준어
'이사/사, 이사말고/사말고'를 제외한 것이다. 그리고 '이라고는/라고는'과 같이 '이'를 매
개모음으로 취하는 이형태들은 이들 결합하는 선행 요소의 말음이 자음인 경우에 따라
표제어를 택하는 것이다.

3) 이규호(2007)에서 의미의 차이에 따라 조사의 목록을 제시하고 있다. 같은 품사인 조사에
있어서도 의미에 따라 별개로 두 개나 세 개로 제시하고 있다. 이 책은 이와 같은 조사
목록을 제시하는 방법은 조사의 목록을 과다하는 단점이 있다고 생각한다. 따라서 이 책
에서는 문법 기능에 따라 조사를 격조사, 접속 조사, 보조사로 나뉘는 것을 따라 같은 하
위분류에 속한 것들을 묶어서 제시하기로 한다. 또한 이규호(2007)에서 '에다, 에다가'를
접속 조사로 제시하고 있지만 『표준』에서 이를 부사격 조사로 제시하고 있다. 따라서 이
책에서는 이를 다시 추가 항목으로 제시하지 않는다.

목을 살펴보았다. 이들 논저는 조사 범주에 대한 견해에서 차이가 있어 보인다. 이러한 항목들을 분류해서 제시하면 다음과 같다.

(4) 본말과 준말

서부터, 에서부터 ; 론, 로는 ; 엔, 에는 ; 이건, 이거나 ; 이기로, 이로 서니, 이기로서니 ; 이든, 이든지 ; 이라1, 이라고1, 이라2, 이라고2, 이라3, 이라고3 ; 이라4, 이라서 ; 이라곤/라곤, 이라고는 ; 치곤, 치 고는

(5) 조사의 연속 구성

가. 설랑, 설랑은, 에설랑 ; 로서는, 로서도, 로서야, 로서의 ; 에를, 에야, 에의, 에는, 에도, 에라야, 에야말로 ; 에서라야, 에서야1, 에서야2, 에서야말로, 에서처럼

나. 에다, 에다가, 에게다, 에게다가, 한테다, 한테다가, 로다, 로다가

다. 에서, 에게서, 한테서, 게서 ; 로서 ; 에서부터, 로부터

라. 에로, 에게로, 한테로, 게로, 께로 ; 만치도, 견만큼도, 만큼은

(6) 단일 조사

가. 가, 게, 고, 곧, 과, 께, 는, 다, 도, 들, 로, 를, 만1, 만2, 뿐, 서1, 서2, 손, 아, 야, 에, 의, 같이, 그래, 그려, 까지, 깨나, 다가, 대 로, 더러, 따라, 로써, 마다, 마저, 만치, 만큼, 보다, 부터, 서껀, 에게, 이랑, 조차, 처럼, 커녕, 토록, 한테

나. 께서, 께옵서, 이시여, 는커녕, 마는, 마따나, 새로에

다. 이야1, 이야2, 이야말로, 이여

(7) '이'계 활용형

가. 이다1 ; 이라는1, 인

나. 이거나, 이든가, 이든지 ; 이고, 이다2, 이며 ; 이나, 이나마 ; 이

냐 ; 이니, 이니만치, 이니만큼 ; 이면 ; 이라고1, 이라는2, 이라고
는 ; 이라는2 ; 이라도 ; 이라든가, 이라든지 ; 이라면 ; 이라서 ; 이
라야, 이라야만 ; 이란1, 이란2 ; 이랴, 이요 ; 인가, 인지 ; 인들,
이런들 ; 일랑, 일랑은

다. 이기로서니 ; 이네, 입네 ; 이랍시고 ; 이러니, 일러니 ; 이면서 ; 이자 ;
인즉, 인즉슨4) ; 일수록 ; 일망정, 일지언정 ; 일지라도 ; 일진대

(8) 동사의 활용형
보고 ; 말고, 말고는, 말고도 ; 치고, 치고는, 치고서 ; 하고, 하고는,
하고도, 하며

(9) '명사+조사'의 결합 형식
밖에

이상에서 『표준』, 『연세』, 그리고 이규호(2007)의 세 자료에 등록되어 있
는 표준어 조사의 총목록을 유형별로 제시하였다. 이들은 각각 본말의 준
말, 조사의 연속 구성, 단일 조사, '이'계 활용형, 동사의 활용형, '명사+조
사'의 결합 형식, 그리고 복합 조사일 가능성이 있다. 구체적으로 논의하
자면 (4)에서 제시한 '게', '게로', '게서', '서1', '서부터', '론', '엔', '이건',
'이기로, 이로서니', '이든', '이라1', '이라2', '이라3', '이라4', '이라곤/라곤',
'치곤'은 각각 '에게', '에게로', '에게서', '에서', '에서부터', '로는', '에
는', '이거나', '이기로서니', '이든지', '이라고1, 이라고2, 이라고3', '이
라서', '이라고는', '치고는' 들이 줄어든 말인데, 여기서는 이들을 표제
어로 삼지 않기로 한다.

---

4) '인즉슨', '일랑은', '이라고는'은 직접구성 성분 분석은 '조사+조사'로 하는데, 다른 한편
으로 보면 이들 형태는 또한 '이-'계 활용형으로 볼 수 있다. 따라서 이들 일단 '이-'계
활용형의 범위에 놓고 논의하기로 한다.

(7나)의 '이나, 이나마'와 (9)의 '밖에'가 보조사인 것은 주지의 사실이다. 또한 이들은 각각 '이-+-(으)나', '이-+-(으)나마', '밖'+'에'의 형식으로 형태소 분석이 가능하므로 복합 조사로 간주될 수 있다. 따라서 이 책은 이에 대한 검증을 다시 하지 않기로 한다.

이상에서는 세 논저에서 제시한 조사의 목록을 살펴보았다. 이들 중에서 본말의 준말인 것을 논의 대상에서 제외시켰다. 그리고 복합 조사와 구별하기 어려운 것들은 검증 기준을 세워 논의하기로 한다.


## 3.2. 복합 조사의 검증 기준


그동안 복합 조사와 주변 경계 요소들의 구별을 대상으로 한 연구가 몇몇 있었다. 그중에서 가장 대표적인 논의는 이규호(2007)이다. 이규호 (2007)에서는 복합 조사의 구성 방식을 기준으로 부류별 복합 조사의 판별 기준을 기술하였다. 이를 정리하면 다음과 같다.

(10) 조사 연속 구성과 복합 조사의 판별 기준
　　가. 분리 가능성 : 문법성, 의미 차이, 내적 확장
　　나. 교체 가능성
　　다. 의미의 특수성

(11) 단일 조사와 복합 조사의 판별 기준
　　가. 분석 가능성
　　나. 의미 변화

(12) '이다' 활용형과 복합 조사의 판별 기준
    가. 통합 관계의 변화
    나. 통용성
    다. 분석 가능성

이상에서 제시한 대로 부류별로 복합 조사와 경계 요소를 구별하는 것은 각각 상황에 따라 정밀하게 논의할 수 있는 장점이 있지만 다음과 같은 단점도 있다.

첫째, 부류별로 제시한 복합 조사의 판별 기준들 사이에 중복된 기술이 있다. 예를 들어 (10다)의 '의미의 특수성'과 (11나)의 '의미 변화'라고 기술한 기준은 같은 것으로 보인다. 이 둘은 모두 의미의 변화 여부를 통해 어떤 기원 형식이 복합 조사로 굳어졌는지의 여부를 판별하는 것이다. 또한 (11가)의 '분석 가능성'과 (12다)의 '분석 가능성'은 모두 같은 것으로 단일 조사와 복합 조사를 구별하는 데 사용한다. 다만 (12다)가 적용한 복합 조사는 전체 복합 조사가 아니라 '이'계 활용형에서 형성된 일부의 복합 조사일 뿐이다.

둘째, 구성 형식과 상관없이 복합 조사를 판별할 수 있는 기준을 한 가지 부류에만 국한하여 기술한 경우가 있다. (10나)의 '교체 가능성'은 조사와 조사의 교체에만 적용하는 것이 아니라 (12)의 활용어미와 어미의 교체에도 적용하여 쓸 수 있다. 즉 이 기준은 조사의 연속 구성과 복합 조사를 판별할 때만 쓰는 것이 아니라 '이'계 활용형과 복합 조사를 판별할 때도 쓸 수 있다는 것이다.

셋째, 동사의 활용형에서 복합 조사가 형성된 것도 여러 개가 있다. 부류별로 복합 조사를 판별하려면 동사의 활용형과 복합 조사의 판별 기준도 (10), (11), (12)와 같이 따로 제시하여 논의해야 한다. 하지만 이규호(2007)에서는 이 부류에 대해 언급하지 않았다.

한편 어떤 형식이 문법화한 것인지의 여부를 판단하기 위해서는 그 기원 형식의 형태, 통사, 의미적 특징도 함께 논의되어야 한다. 예를 들어 '이나'의 경우 '나'에 선행하는 '이-'의 형태와 통사, 의미적 기능을 검토하여야만 '이나'의 범주가 조사인지 '이-'의 활용형인지 밝혀낼 수 있다. 만약 '이나'의 '이-'가 공시적으로 더 이상 지정사의 특징을 보이지 않는다면 '이나'는 조사의 범주를 갖는 것으로 설명할 수 있다. 물론 이런 작업은 문법화 과정에서 변화 전후의 비교 분석을 통해 더 확실히 알아낼 수 있다. 요컨대 조사의 목록 설정에는 형태론적인 논의와 통사론적인 논의, 그리고 의미론적 논의가 모두 필요하다. 다음으로 이 책은 이러한 논의를 바탕으로 하여 복합 조사의 판단 기준을 마련하고자 한다.

(13) 복합 조사의 검증 기준
　　가. 형태적으로 둘 이상의 형태소가 하나의 조사로 형성되어야
　　　　한다.
　　나. 통사적으로 기원 형식의 통사적 특성을 상실하고 복합 조사
　　　　의 통사적 특성을 가지게 되어야 한다.
　　다. 의미적인 측면에서, 기원 형식의 구성 성분들의 의미가 합해
　　　　진 것이 아니라 새로운 의미가 생겨야 한다.

(13가)에서 '둘 이상의 형태소'는 기원 형태이고, '하나의 조사로 형성된다'는 것은 복합 조사로 된다는 것이다. 이는 또한 두 가지 의미를 포함한다. 하나는 하나의 조사이므로 분리가 불가능하다는 것이다. 김동식(1996 : 124), 이규호(2007 : 58)에서는 조사 연속 구성과 복합 조사의 판별을 할 때 이 기준을 사용하고 있다. 구체적으로 김동식(1996)에서는 조사 결합의 한 성분 조사가 다른 조사로 교체가 가능한지를 사용하는 반면

이규호(2007)에서는 내적 확장이 가능한지를 사용하고 있다.[5] 교체는 형태소의 분석과 일정한 관련도 가지고 있으므로 형태소 분석을 논의할 때 같이 보기로 한다. 내적 확장이 불가능하다는 것은 복합 조사가 하나의 단어인 것에서 출발한 것이다. 일반적으로 하나의 단어로 쓰이는 것은 내적 확장이 불가능하기 때문이다. 이와 관련하여서는 복합 조사의 개념을 정립할 때 이미 자세히 기술하였으므로 여기서 다시 논의하지 않는다.

'하나의 조사로 형성된다'는 표현에 포함되는 다른 하나의 의미는 형태소 분석이 가능하다는 것이다. 문법화 정도에 따라 복합 조사가 단일 조사로 형성될 수도 있다. 2.2.에서 제시된 'ㅅ#긔 > 끠 > 쎄 > 께'는 바로 이에 관한 설명이다. 'ㅅ+긔'에서 문법화 시작하여 여전히 'ㅅ'과 '긔' 두 개의 형태소로 분석이 가능한 '끠'는 복합 조사이지만, '끠'가 더 문법화하게 되어 형태소 분석이 불가능한 '쎄/께'로 형성되면 이를 단일 조사로 볼 수밖에 없다. 따라서 형태소 분석이 가능하다는 기준은 복합 조사와 단일 조사를 구별해 준다.

여기서 형태소의 분석이 어떻게 이루어져야 하는지, 즉 형태소 분석의 방법과 기준이 무엇인지는 또 하나의 문제이다. 일반적으로 직관에 의한, 또는 언어 표현들 간의 비교·대조에 의한 형태소 분석에 보편성을 더하기 위해 사용되는 기준은 계열 관계와 통합 관계이다. 즉 어떠한 요소가 같은 성질을 가진 다른 요소와 대치되어 계열 관계를 이루고, 앞뒤로 다른 요소와 결합하여 통합 관계를 이룬다면, 그 요소를 형태소로 볼 수 있다는 것이다. 이는 복합 조사를 판별할 때 사용하는 교체란 기준과 관

---

5) 이규호(2007 : 65)에서는 조사와 조사의 연속 구성 형식에 있어서의 교체 가능성은 후행 조사만 같은 계열의 다른 조사와 교체되지 않는다면 그것이 복합 조사로 굳어진 것이라고 할 수 있다고 주장하고 있다.

련되기도 한다. 형태소 분석을 통해 알아낸 형태소는 다른 형태소와 자유롭게 교체할 수 있다면 이들로 구성된 형식을 복합 조사라고 할 수 없는 것이다.

한편 이러한 형태소 분석은 공시적으로 이루어져야 한다. 통시태적인 관점을 형태소 분석에 적용하는 것은 적절하지 않다. 이전 시대의 언어 체계에서 두 개 이상의 형태소가 결합되었던 것이 변화를 겪어 후대에 하나의 형태소로 고정되었을 때, 이 형태소를 굳이 이전 시대의 형태소로 복원하는 것은 자연스럽지도 않으며 불필요한 작업이 될 것이기 때문이다. 앞에서 논의한 대로 중세 한국어에서 두 개의 형태소였던 'ㅅ'과 '긔'가 현대 한국어에서 하나의 형태소 '께'로 굳어진 경우가 바로 그런 예이다.

또한 시정곤(2000)에서 '형태소는 공시태의 소산'이라고 하였다. 즉 형태소는 공시적인 형태소라는 것을 의미한다. 시정곤(2000 : 161)에서는 이와 같은 견해를 바탕으로 하여 공시적인 형태소 추출 과정을 상정한 바 있다. 예를 들어 'AB'라는 결합 형태에서 A와 B가 각각 공시적인 화자에게 하나의 형태소로 인정될 때 A와 B는 형태소로 인정이 되며, 이때 시도한 형태 분석은 의미가 있게 된다. 반면 해당 요소를 제외한 나머지 요소가 공시적 문법에서 사용되지 않는 것이라면 해당 요소가 형태소 추출 조건을 만족하고 있다 해도 추출될 수 없다. 이것은 이홍식(2005 : 46)에서 제시한 '대상 선정의 원리'("비교되는 구성에서 분석되는 요소만 분석의 결과로 형태소로 분석된다.")와 동일하다.[6]

한편 이런 식으로 이루어진 형태소 분석의 결과를 어떻게 확인할 수

---

6) 이홍식(2010 : 45)에서 형태소 분석의 원리를 '형태소 분석은 둘 이상의 구성을 비교하여 음상의 차이가 의미의 차이를 유발할 때 이루어진다'고 논의하고 있다.

있을까. 특히 복합 조사에 있어서 형태소 분석의 결과가 타당한지는 더욱 중요하다. 이들은 형태소 분석이 불가능하면 복합 조사가 아니라 단일 조사로 간주되어야 하기 때문이다. 이 책에서는 주로 형태와 의미 두 가지 방면에서 확인해 보기로 한다. 이 중에서 형태적 기준은 주로 분석해낸 형태소의 형태가 원래 구성에서의 형태와 동일한지를 확인한다. 예를 들어 '기쁘-'는 '깃+브'로 분석이 될 수 없다는 것이 이에 해당한다. 이는 시정곤(2010 : 23)에서 언급한 '깃'과 '브'가 공시적인 형태소 목록에 없어서 '기쁘-'가 분석이 안 되는 것과 동일하다.

의미적 기준은 주로 분석해 낸 형태소의 의미가 원래 구성에서의 의미와 동일한지를 확인한다. 예를 들어 현대 한국어에서 '밖에'가 보조사인 것은 주지의 사실이다. 이때 '밖에'의 '밖'은 '이외에'의 뜻을 나타내는데 이것은 명사 '밖'의 '어떤 선이나 금을 넘어선 쪽'의 의미와 어느 정도상 일치한다. 즉 보조사 '밖에'로 형성되는 과정에서 '밖'의 의미에 변화가 일어났지만 두 개의 '밖'의 사이에는 아직도 일정한 유연성을 보인다. 따라서 보조사 '밖에'의 '밖'은 하나의 형태소로 간주할 수 있다.[7]

(13나)에서 기술한 통사적 특성은 주로 다음과 같은 세 가지에서 드러난다. 첫째, 복합 조사가 선행어에 붙어 쓰일 때 그 구성의 직접 성분은 복합 조사 전체와 선행어이다. 즉 복합 조사를 이루는 두 개 이상의 형태소는 그 앞에 필수적으로 명사구를 취하여 한 어절을 이루는데, 이때 어절을 이루는 세 개 이상의 요소의 직접 성분 분석에서 일차적으로 명사구가 분리되고, 복합 조사를 이루는 구성 요소들 간에 결합은 유지되어야 한다.[8]

---

7) 이홍식(2010 : 50)에서 분석의 확인 조건을 다음과 같이 제시하고 있다.
  가. 분석된 형태는 그 분포를 기술할 수 있어야 한다.
  나. 분석된 형태는 의미 기술을 만족해야 한다.

(14) 가. 철수에게만 말했다.

　　 나. *[[철수][에게만]] 말했다.

　　 다. [[철수에게]만]] 말했다.

(15) 가. 철수로부터 편지가 왔다.

　　 나. [[철수]로부터] 편지가 왔다.

　　 다. *[[철수로]부터]] 편지가 왔다.

　(14가)의 '에게만' 구성의 직접 성분 분석은 (14나)처럼 조사들끼리 먼저 결합한 뒤 선행 요소와 결합한 것으로 해석하는 것이 아니라 (14다)처럼 명사구에 여격조사 '에게'가 결합한 격조사구에 다시 보조사 '만'이 결합하는 방식으로 이루어진 구성으로 해석한다. 그런데 (15)의 경우는 이와 다르다. (15가)의 '로부터' 구성의 직접 성분 분석은 (15나)처럼 '로'와 '부터'가 먼저 결합한 후 다시 선행어 '철수'와 결합한 것이다. 만약 (15다)처럼 '로'가 우선적으로 '철수'와 결합하여 '철수로'가 만들어진 후에 다시 '부터'와 결합한다면 이 구문에서 '로'의 의미 영역을 설명하기 어려워진다. 따라서 이 책은 '로부터'와 선행어의 구성의 직접 성분 분석은 (15나)와 같이 되어야 한다고 본다. 뿐만 아니라 다른 복합 조사와 선행어의 구성의 직접 성분 분석도 이와 같은 특성을 드러낸다고 본다.

　둘째, 문법화 과정에서 기원 형식의 통사적 결합 양상에 변화가 일어나 복합 조사의 결합 양상이 형성된다.

---

8) 김상대(1993 : 16)에서 소위 복합 조사를 이루는 두 조사는 그 앞에 필수적으로 명사를 취하여 한 어절을 이루는데, 이때 어절을 이루는 세 요소의 직접 성분 분석에서 일차적으로 명사가 분리되고 두 조사 간의 결합은 유지되어야 한다고 기술하였다. 다만 이 논의에서 복합 조사가 조사와 조사의 구성에서 형성된다고 한 점에 대해서는 이 책은 동의하지 않는다.

(16) 가. 그는 저녁에 산책을 <u>하고</u> 잠을 잔다.
　　　나. 그는 북경<u>으로 해서</u> 도착했다.
　　　다. 오늘은 결혼식장에 <u>가야 하고</u>…
　　　라. 연필<u>하고</u> 종이를 가져와라.

(이상 한용운, 2003 : 179)

　　　라′. [[연필]하고 [종이]]를 가져와라.


　(16)은 모두 '하고'와 관련한 문장이다. 위 예문에서 '하고'가 복합 조사로 쓰인 것이 있는지를 확인해 보자. 우선 (16가)의 '하-'는 목적어 '산책'과 주어 '그'를 취하고 있으며, 연결 어미 '-고'를 취할 수 있으므로 타동사이다. (16나)의 '하-'는 '(으)로 해서'의 구성으로 쓰여 '-을 경유해서'의 의미를 나타내고 있다. 목적어를 취하지 않는 것을 보아 이때의 '하-'는 (16가)의 '하-'의 용법과 다르다. (16다)의 '하-'는 '가'의 활용형 뒤에 분포하고 있으며 뒤에 연결 어미 '-고'가 붙어 쓰이므로 보조동사이다. 이는 주로 '-어야 하-'의 구성으로 나타난다. (16라)의 '하고'는 '연필'과 '나' 뒤에 분포하여 체언을 연결하는 기능을 하고 있다. 이는 동사 활용형 '하고'의 의미와 다르고 분포 면에서도 차이가 있다. 또한 이때의 '하-'는 다른 어미로 활용할 수 없다. 그리고 (16라)는 (16라′)과 같이 분석할 수 있다. 이때의 '하고'는 체언과 체언을 접속하여 문장에서 하나의 단위로 기능하게 하는 역할을 한다. 통사적 결합 양상의 변화에 따라 이상의 예문에서 (16라)의 '하고'만을 복합 조사로 볼 수 있다.
　셋째, 문법화 진도에 따라 기원 형식의 통사 범주가 바뀐 것이다.


　(17) 가. 그는 명예를 최고로 <u>치고</u> 사는 사람이다.
　　　나. 서양 사람<u>치고</u> 키가 작다.

(이상 한용운, 2003 : 177)

(17)은 모두 '치고'로 실현되어 있는 문장이다. (17가)의 '치고'는 목적어를 취하고 있으므로 타동사의 활용형이다. 하지만 (17나)의 '치고'는 명사 '사람' 뒤에 분포하고 있으며 조사의 용법을 보여주고 있다. 이 책의 관점에서 보면 이는 또한 복합 조사이다. 일반적으로 (17나)처럼 쓰인 복합 조사 '치고'는 (17가)처럼 쓰인 동사 활용형 '치고'에서 문법화 과정을 통해 형성된 것으로 본다. 즉 (17가)에서 (17나)까지 '치고'의 통사 범주가 바뀐 것이다.

(13다)는 김상대(1993 : 18)에서 복합 조사의 의미는 대부분 단순히 구성 성분들의 원래 의미가 합해진 것이 아니라 그들이 문법화를 통해 새로운 제3의 의미로 변하게 된 추상적인 의미라고 하는 것과 같다. 즉 어떠한 기원 형식을 복합 조사로 변하게 하려면 의미의 변화가 있어야 한다.

(18) 가. 김 과장은 자기만을 위해 사는 사람이다.
　　　나. 내가 네 친구로서 한마디 해야겠다.

(18가)의 '만을'의 의미는 '만'과 '을'의 원래 의미를 그대로 유지하고 있다. 즉 이 구성은 새로운 의미가 생기지 않고 단일한 문법적 의미를 나타내지 않는다. 따라서 이렇게 쓰인 '만을'은 복합 조사라고 할 수 없다. (18나)의 '로서'의 의미는 수단과 방향을 나타내는 '로'와 보조사 '서'의 의미가 결합함으로써 판이한 신분의 의미로 변하는 것을 설명하기 어렵다. 이는 '로'와 '서'가 복합 조사화의 과정에서 은유와 같은 기제를 적용해서 의미적 변화가 일어난 것으로 파악된다. 새로운 의미가 생긴 '로서'는 복합 조사로 볼 수 있다.

복합 조사의 형성은 오랫동안 통시적인 과정을 거쳐야 하는 복잡한 과정이므로 그것을 판별하기도 그리 쉬운 것이 아니다. 그리고 위에서 언급한 복합 조사의 판별 기준은 한 가지만 가지고 모든 형태가 복합 조사인지의 여부를 확인하지 못한다. 복합 조사를 설명할 때 문법화의 기제가 여러 가지를 같이 적용하는 경우가 많아서 한 가지로만 설명하기 어렵기 때문이다.

## 3.3. 경계 요소와의 구별

지금까지 제시된 기준에 따라 현대 한국어에서 조사로 알려진 목록 가운데 복합 조사를 포함하고 있는 구성을 검토하여 복합 조사의 목록을 제시하고자 한다. 즉 이 절의 주요 목적은 복합 조사와 다른 경계 요소를 구분하는 것이다.

이 책은 복합 조사를 둘 이상의 형태소가 문법화를 통해 형성된 형태적으로 분석 가능하고, 통사적으로 하나의 기능을 하는 조사라고 정의하였다. 이러한 복합 조사는 문법화의 하위 부류인 복합 조사화와 밀접한 관계를 가지고 있다. 복합 조사화 과정에서 형태적 구성 양상, 통사적 결합 양상, 그리고 의미의 특수화 등의 변화가 일어나면 복합 조사로 형성될 가능성이 크기 때문이다. 이러한 기준으로 복합 조사와 구별하기 어려운 조사와 조사의 연속 구성, 단일 조사, '이-'의 활용형, 동사의 활용형, 그리고 명사의 곡용형 등을 검증하여 복합 조사인지의 여부를 결론내리고자 한다.

한편 복합 조사와 구별하기 어려운 요소의 종류가 다양하다. 따라서 그들의 판별 기준도 같은 것으로 통일시킬 수 없다. 이 책은 위에서 제시한 복합 조사를 판정하기 위해서 반드시 복합 조사가 공통적으로 가지는 기본적 기준, 즉 형태적 기준, 통사적 기준, 그리고 의미적 기준을 만족시켜야 한다. 그 이외에 기본적 기준으로 구별이 어려운 것은 부각적인 보충 기준을 이용하기로 한다.

### 3.3.1. 조사 연속 구성과 복합 조사의 구별

두 개 이상의 조사로 이어서 쓰인 어떤 구성은 문법화 과정을 거쳐 복합 조사가 형성되기도 하지만 그대로 조사의 연속 구성 형태로 유지되기도 한다. 두 조사의 결합관계가 굳어져서 단일한 하나의 기능을 나타낸다면 그것은 복합 조사라고 할 수 있으나, 그렇지 않다면 단순 결합 형식이라고 한다. 이는 조사 사이의 결속력에 달려 있다. '조사+조사' 구성의 결합력을 알아보기 위해서 앞에서 제시한 복합 조사의 검증 기준을 적용해 보기로 한다.

앞의 3장 3.1.에서 제시한 (5가)의 '설랑, 설랑은, 에설랑'과 같은 항목들은 보조사 '서'나 '에서'에 보조사 'ㄹ랑'이나 'ㄹ랑은'이 결합한 것이다. 이때 '서'는 '여기설랑 쓰레기를 버리지 마라'고 할 때에 쓰이는 '에서'의 준말 '서'이거나 '학교에 가설랑'이나 '난 그냥 이걸 갖고설랑 집에 가겠소'라고 할 때에 쓰이는 '-아서'나 '-고서'의 한 구성 성분인 '-서'이다. 보조사 'ㄹ랑'과 'ㄹ랑은'의 분포가 연결 어미 '-아서'나 '-고서' 또는 처격조사 '에'나 '에서'의 뒤이기 때문에 이들은 항상 '설랑, 에설랑'과 같은 결합 형식으로 나타난다. 이들은 선행 요소와 'ㄹ랑'이 이루어진 '조사+조사'의 연속체 조사의 연속 구성으로 이해가 가능하다.

그리고 '로서는, 로서도, 로서야, 로서의', '에는 에도, 에를, 에야, 에의, 에라야, 에야말로', '에서라야, 에서야, 에서야말로, 에서처럼' 등이 쓰인 문장에서는 부사격 조사에 후행 통합한 조사를 생략하더라도 비문이 되지 않는다. 또 '로서+는/도/야', '에+는/도/라야/야말로', '에서+라 야/야/야말로/처럼'과 같이 '로서, 에, 에서' 뒤에서는 조사들이 교체되어 실현될 수 있다. 따라서 이 책은 이들이 모두 조사의 연속 구성으로 본다.

## [1] 에다가, 에게다가, 한테다가, 로다가

'에다, 에다가', '에게다, 에게다가', '한테다, 한테다가', '로다, 로다가'는 모두 보조사 '다가'9)와 관련된 형태들이다. 유경화(2013 : 39)에서 '에다 가'는 통시적으로 타동사 '닥다(다그다)'가 문법화 과정을 거쳐 형성된 것 이라고 논의한 바 있다.10) 그리고 이 논의에서는 '에다'와 '에다가'가 쓰 이는 환경과 의미는 같은 것으로 나타나므로 '에다'를 '에다가'의 준말 이라고 주장한 바 있다. 즉 '-다가'에서의 '가'는 별로 중요한 의미 기능

---

9) 엄정호(1997 : 90)에서는 '다가'는 명사에 직접 통합되는 예가 없고 조사가 먼저 붙어있는 형태에만 통합된다는 문제가 있기는 하나, 그 외의 경우 보조사의 전형적인 출현 환경에 두루 나타난다는 점으로 볼 때 조사로 보아 별 무제가 없을 듯하다고 하였다. 허웅(1975 : 384-385)에서는 '-다가'를 보조사(도움토씨)로 보면서 그 뜻을 어떤 위치나 상태를 유지 하는 것이라고 하였다. 김문웅(1982 : 160-161)에서 후치사 '-다가'는 그 생성 과정이나 문법 개념으로 보아서 보조사의 범주에 넣을 수도 있으나 굳이 후치사란 하여 구별하고 있는 것은 조사의 가장 기본 개념이 되는 명사와의 직접 통합이 불가능하기 때문이라고 하였다. 이남순(1996 : 457)에서는 '다가'를 연결 어미, 보조사, 보조동사 등으로 보고 있 는데, 격조사에 통합되는 '(-)다가'는 보조사로 볼 수도 있으나 동사 '다그-'의 부사형 '다가'로 볼 수도 있다고 하였다. 성낙수(1976)에서는 '다가'를 접속사로 보고 있다. 그리 고 이 논의에서 격조사에 '다가'가 붙어 쓰인 문장이 '부가'의 의미가 부가된다고 논의하 였다. 백낙천(1996 : 229)에서는 연결 어미 '-다가'와 '에다가, 으로다가, 어다가'의 '다가' 는 기원을 달리 하는 것이며, 서로의 의미적 연관성이 없는 것이라고 하였다. 즉 '에다가, 으로다가, 어다가'의 '다가'는 부사격 조사나 부사형 어미에 동사 '다그다'의 활용형이 문 법화한 것으로 그 의미는 '접근'이라고 하였다. 이 책은 이와 같은 입장에서 격조사와 같 이 명사구에 붙어 쓰인 '다가'는 일단 보조사로 보기로 한다.

10) '에다가'의 형성과 관련된 논의는 김영희(1975), 이태영(1988), 백낙천(1996), 이남순 (1996), 한용운(2003) 등이 있다. 이들은 '에다가'는 타동사 '닥다(다그다)'와 그에 통합 된 문법형태소가 문법화 과정을 거쳐 형성된다는 것에 대체로 일치한다.

을 담당하지 않으므로 생략되어도 큰 문제가 되지 않는다. 이에 따라 '에게다', '한테다', '로다'는 '에게다가', '한테다가', '로다가'의 준말로 볼 수 있다. 하지만 이들이 모두 '에다가'처럼 완전히 하나의 조사가 굳어져 것인지에 대해서는 다시 검토해야 할 필요가 있다.

(19) 가. 그녀는 친구[에게다가, 한테다가] 모든 일을 맡기고 종적을 감추었다(『고려대』).
　　　나. 공문을 연필<u>로다가</u> 쓰는 법이 어디 있니?(김문웅, 1982 : 157)

(19가)의 '에게다가'는 주로 유정 체언의 뒤에 붙어 '그것이 서술어의 행위가 미치는 대상임을 강조하여 나타내'는 부사격 조사이다.11) 그리고 일반적으로 '한테'는 '에게'의 구어체로 인식되어 있으므로 '한테다가'도 '에게다가'의 구어체라고 할 수 있다. (19나)의 '로다가'는 모음이나 'ㄹ'로 끝나는 체언의 뒤에 붙어, '어떤 일에 대한 수단이나 방법'을 나타낸다. 이들 '에게다가', '한테다가', '로다가'의 '다가'는 다음과 같이 삭제되어도 문장의 성립에 아무 영향이 없으므로 이는 구문 성립에 이바지하는 불가결한 요소가 아닌 수의적인 요소에 지나지 않는다고 볼 수 있다.

(19)´ 가. 그녀는 친구[에게다가, 에게, *다가, 에게는] 모든 일을 맡기고 종적을 감추었다.
　　　나. 공문을 연필[로다가, 로, *다가, 로만] 쓰는 법이 어디 있니?

(19)´처럼 '다가'가 삭제되어도 문장이 여전히 성립한다. 하지만 격조사 '에게', '한테', '로'가 삭제되면 문장이 더 이상 성립하지 않는다. 이

---

11) 『고려대』에서 '에게다가'의 뜻풀이이다.

는 '다가'가 명사구에 통합할 때 반드시 그 앞에 격조사를 지배해야 하는 특성이 있기 때문이다.[12] 그리고 (19)´처럼 '에게다가, 한테다가, 로다가'의 '다가' 대신에 보조사 '는'이나 만'이 실현될 수도 있다. 다만 이들은 내적 확장이 불가능해 보인다. '다가'의 쓰임에 있어서 앞에 필히 격조사가 와야 한다는 조건이 있다. 만약 '에게다가'의 내적 확장 가능하다면 '에게'와 '다가' 사이에 다른 격조사가 들어간 것인데, 이는 하나의 격조사가 한 문장에서 두 번으로 실현하지 않는 "격 중출 제약"과 충돌되어서 불가능하다. 이러한 이유로 '에게다가'는 내적 확장이 불가능한 것이다.

(19)´을 통해 이들의 통사적 특성을 보면 '다가'가 실현되어 있는 상황은 실현되어 있지 않는 상황과 같다. 즉 '에게다가, 한테다가, 로다가'가 선행어와 결합하는 제약이나 문장의 서술어와 공기하는 양상 등은 '다가'가 실현되지 않을 때와 같다. 즉 '다가'가 있는데도 불구하고 '에게다가, 한테다가, 로다가'의 통사적 특성에 변화가 일어나지 않는다.

마지막으로 의미면에서 '에게다가, 한테다가, 로다가'를 살펴본다. (19)와 (19)´에서 쓰인 것처럼 '다가'가 실현되어 있을 때와 실현되어 있지 않을 때 문장의 뜻에는 큰 차이가 없어 보이며 다만 선행어에 대한 어감의 강조를 나타낼 뿐이다. 즉 '다가'는 딱히 일정한 의미를 나타낸다고 하기 어렵다. 따라서 '에게다가, 한테다가, 로다가'가 '에게, 한테, 로'와 사이에 의미의 특수화가 일어나지 않는다.

이상에서 논의한 대로 '에게다가, 한테다가, 로다가'는 형태적으로, 통사적으로, 의미적인 면에서 복합 조사로 쓰인 특성을 확인하지 못한다. 따라서 이들은 다만 격조사 '에게, 한테, 로'가 보조사 '다가'와 결합하

---

12) 이러한 이유로 많은 학자들은 이를 후치사라고 한다. 대표적으로는 김문웅(1982)이다.

여 쓰인 것으로 간주할 수밖에 없다.

### [2] 에서

(20) 가. 철수는 123학원[에서, \*에, 서] 중국어를 공부한다.

　나. 철수는 중국[에, \*에서, \*서] 갔다.

　다. 철수는 중국[에, \*에서] 있다.

(20가)의 '에서'는 철수가 공부하는 처소를 나타내고 있고, (20나)의 '에'는 철수가 간 처소를 나타내고 있다. 하지만 예문을 보면 (20가)의 '에서'는 '서'로 대체될 수 있지만 '에'로 대체될 수 없다. 그리고 이때의 '서'는 다른 조사로 교체될 수 없다. 즉 '에서'는 분리할 수 없는 하나의 조사이다.

한편 (20나)의 '에'는 '에서'나 '서'로 대체될 수 없다. 이는 '에서'와 '에'는 서로 다른 용법을 가진 별개의 단어임을 말해준다. '에서'는 주로 행위를 나타내는 이른바 행위동사를 요구하고, '에'는 주로 방향이나 존재를 나타내는 방향동사나 존재동사를 요구한다. 즉 이들이 문장에서 나타내는 의미와 다른 성분과의 통사 관계도 다르다. 이는 '에서'가 이미 '에'와 '서'에서 문법화 과정을 거쳐 새로운 통사적 특성과 의미 기능을 가지게 된 다른 하나의 조사인 것을 알려준다.[13]

(20다)에서 철수가 중국에 존재하는 것을 나타낼 때 '에'는 가능한 반면 '에서'는 불가능하다. 이는 '에'와 '에서'의 의미 차이에 있다. '에서'

---

13) 김영희(1974)에서 '에서'는 '-에 있다'에서 기원한다는 것을 언급한 바 있다. 이는 박양규(1972), 김영희(1973), 성광수(1979) 등에서 언급한 '서'가 '셔'에서 발달하여 '있다'라는 의미 자질을 갖고 있다는 주장과 크게 다르지 않다.

는 문법화 과정에서 이미 '서'가 가지고 있는 '존재'란 의미를 획득하였다. 그렇다면 '존재'의 의미를 가지고 있는 '에서'는 (20다)처럼 다시 '있다'와 공기하기 어렵다는 것이다. 한편으로 이러한 내용을 통해 '에서'는 '에'+'서'로 형태소 분석을 할 수 있다는 것을 얻을 수 있다.

이상에서 논의하였듯이 형태적, 통사적, 그리고 의미적 측면에서 '에서'는 기원 형식인 '에'와 '서'의 결합 구성에서 모두 차이가 난다. 또한 '에서'는 '에'+'서'로 형태소 분석이 가능하다. 이와 같은 내용을 바탕으로 이 책에서는 '에서'를 하나의 복합 조사로 본다.


[3] 에게서, 한테서

'에게서, 한테서'는 각각 격조사 '에게, 한테'와 보조사 '서'의 결합 형식으로 형태소 분석할 수 있으므로 복합 조사일 가능성이 크다.

> (21) 가. 나는 이 소식을 영신에게서 전해 들었다.
>       나. 그는 아이들한테서 괴롭힘을 당했다.
>
>                                         (이상 『고려대』)

(21가, 나)의 '에게서, 한테서'는 선행어의 뒤에 붙어, '행위의 근원이나 출처'를 나타내는 부사격 조사이다. 이 중에서 '한테'가 '에게'의 구어체인 것처럼 '한테서'도 '에게서'의 구어체로 볼 수 있다. 이들은 각각 '에게+서, 한테+서'와 같은 형태소 분석이 가능하다. 하지만 형태소 분석이 가능하다고 해서 모두 복합 조사가 아니다. 다음으로 이들의 용법을 통해서 이들이 복합 조사인지 아닌지를 검토한다.

(21)´ 가. 나는 이 소식을 영신[에게, *서] 전해 들었다.

　　　나. 그는 아이들[한테, *서]괴롭힘을 당했다.

　(21)´에서 '에게서, 한테서'의 '서'를 떼어도 문장이 여전히 성립한다. 즉 이들은 분리가 가능하다. 그리고 '에게, 한테'가 쓰인 문장 (21)´의 의미는 '에게서, 한테서'가 쓰인 문장 (21)과 같다. 또한 (21)´과 (21)에서 이들의 통사적 결합 양상은 별 차이가 없는 것으로 나타난다. 요컨대 형태적, 통사적, 의미적 측면에서 드러내는 특성을 통해 이 책에서 '에게서, 한테서'는 하나의 복합 조사보다는 조사의 연속 구성과 거리가 더 가깝다고 본다.

## [4] 로서

(22) 가. 학생[으로서, 으로] 책임을 다한다.

　　　나. 이 문제는 너[로서, *로] 시작되었다.

　(22가)의 '으로서'는 '학생'이란 신분이나 자격을 나타내고 있다. 이러한 의미 기능을 가진 '으로서'는 '으로'로 대체되어 쓰일 수 있다. 이러한 점에서 '으로서'의 분리가 가능해 보인다. 하지만 (22나)에서 '시발점'을 나타내는 '로서'는 '로'로 대체될 수 없다. 이는 '로'는 원래 방향의 의미가 있지만 '시발점'과 같은 의미가 없기 때문이다. 한편 (22가)에서 쓰인 '로서'의 '자격이나 신분'의 의미는 (22나)에서 쓰인 '로서'의 '시발점'의 의미가 문법화하는 과정에서 은유란 기제를 적용해서 발전된 것으로 추정된다. 김승곤(2004 : 209)에서는 19세기후반부터 '로서'가 '출발'이나 '경유'의 뜻에서 '자격'이나 '신분'의 뜻으로 바뀐다고 하였다.[14) 요

컨대 '로서'와 '로'의 의미 기능에는 차이가 있다. 또한 다음과 같이 '으로서'와 '로'는 통사적 결합 관계에도 차이가 있다.

(23) 나는 지금 학생[으로, *으로서] 있다.

(23)에서 지금의 신분을 나타낼 때 '으로'가 가능하지만 '으로서'는 가능하지 않다. 이는 문장의 서술어 '있다'와 관련된다. 즉 '로서'의 '서'는 원래 '있다'와 밀접한 의미 상관성을 갖고 있기 때문에 서로 중첩해서 실현되지 않는다. 즉 '으로서'는 '있다'와 공존하지 않는다. 그러나 '으로'는 이러한 제약을 받지 않으므로 '있다'와 같이 실현될 수 있다. 다시 말하면 '으로서'는 '으로'와 '서'가 문법화 과정을 통해 새로운 통사적 결합 관계와 의미 기능을 가지게 된 다른 하나의 조사로 볼 수 있다. 그리고 여전히 '로', '서'와 의미 유연성을 가지고 있는 '로서'는 '로'+'서'로 형태소 분석이 가능하다.

이상에서 기술한 것처럼 '로서'의 분리성은 특정한 환경에서 가능하고, 통사적 결합관계와 의미 기능도 '로'나 '서'와 많이 다르다. 따라서 '로서'는 이미 문법화 과정을 통해 형성된 하나의 복합 조사이다.

### [5] 에로, 에게로, 한테로, 께로

이들은 각각 격조사 '에, 에게, 한테, 께'와 부사격 조사 '로'의 결합 형식으로 분석할 수 있다. 다음에서 이들이 과연 복합 조사인지를 확인

---

14) 김승곤(2004 : 209)에서 원래 '로서'에 희미하나마 '자격'의 뜻도 내포되어 있었기 때문에 이렇게 바뀐 것이라고 하였다. 그리고 시간의 흐름에 따라 '자격'의 뜻이 우세하게 되어 오직 이 뜻으로만 굳어지게 된 것으로 보인다고 하였다.

해 본다. 이 중에서 '한테'는 '에게'의 구어체이고, '께'는 '에게, 한테'의 높임말이므로 '에게로, 한테로, 께로'를 논의할 때 기본적으로 '에게로' 만 하기로 한다.

> (24) 가. 참새 한 마리가 이 가지에서 저 가지[에로, 에, 로] 날아갔다.
>
> (『고려대』)
>
> 나. 군자는 진리[에로, *에, ?로] 향하고 소인은 사리[에로, *에, ?로] 향한다.

(24가)에서 '에로'는 '가지'에 붙어 쓰여 참새가 날아간 곳을 나타내고 있다. 이때의 '에로'는 '에'나 '로'로 모두 대체될 수 있다. 그리고 '에', '로', '에로'로 실현된 문장의 의미 사이에는 큰 차이를 보이지 않는다. 즉 이때의 '에로'는 선행 조사나 후행 조사로 대체될 수 있고, 대체된 후에 문장의 의미 전달에도 큰 차이가 생기지 않는다. 따라서 (24가)의 '에로' 는 하나의 복합 조사라기보다는 단순히 조사들의 연속 구성과 더 가깝다.

한편 (24나)의 '에로'는 추상적인 선행어 '진리', '사리'에 붙어 쓰여 '군자', '소인'이 추구하는 방향을 나타내고 있다. 이때의 '에로'는 '에' 로 대체될 수 없고, '로'로 대체되면 어색하다. 그리고 이때 '에로'의 의 미는 구체적 방향을 나타내는 것이 아니라 추상적 방향을 나타내는 것 이다. 즉 이때 '에로'는 이미 다른 하나의 조사로 형성된다. 한편 이러한 '에로'는 기원 형식과 밀접한 관련성을 가지고 있으므로 형태소 분석이 가능하다. 그렇다면 '에로'는 하나의 복합 조사라고 할 수 있다.

이상의 논의를 통해 (24나)와 같은 추상 명사와 결합하여 쓰인 '에로' 는 단순히 조사 '에'와 '로'의 연속 구성보다는 새로운 의미가 부가된 다 른 하나의 조사에 더 가깝다.

(25) 그는 잔을 내려놓고 천천히 그녀[에게, 에게로, *로] 다가갔다.

(25)에서 그는 다가간 대상을 나타낼 때 '에게, 에게로'가 모두 가능하다. 그리고 '에게로'로 실현된 문장과 '에게'로 실현된 문장 사이에는 의미 차이가 보이지 않는다. 뿐만 아니라 이들과 호응하는 서술어는 '가다', '오다' 등 이동 동사이다. 따라서 이를 다른 하나의 조사라고 하기보다는 단순히 조사의 연속 구성과 더 가깝다는 것이다. 이와 같은 의미로 쓰인 '한테로, 께로'도 마찬가지이다.


## [6] 에서부터, 로부터

이들의 형태소 분석은 부사격 조사 '에서', '로'와 보조사 '부터'의 결합으로 볼 수 있다.

(26) 가. 수원[?에서, 에서부터] 버스와 전철을 갈아타면서 서울의 직장
        에 다니기란 쉽지 않은 일이다.
     나. 선생님[으로부터, *으로, ?부터] 칭찬을 들었다.

(26가)의 '에서, 에서부터'는 '수원'에 붙어 쓰여 버스와 전철을 갈아타는 장소의 시발점을 나타내고 있다. 이때 '에서'로 실현된 문장과 '에서부터'로 실현된 문장 사이에는 약간의 의미 차이가 있다. 즉 '에서'로 실현된 문장은 버스와 전철을 갈아타는 장소를 나타내고, '에서부터'로 실현된 문장은 버스와 전철을 여러 번을 갈아타야 하는 시발점을 나타낸다. 이러한 의미의 차이의 근원은 바로 보조사 '부터'에 있다. 즉 '에서부터'에서 '부터'를 뺀 만큼 의미가 달라진 것이다. 따라서 '에서부터'

는 '에서'와 '부터'의 연속 구성으로 보는 것이 더 낫다.

한편 (26나)에서 '로부터'는 유정명사 '선생님'에 붙어 쓰여 칭찬을 들은 출처를 나타내고 있다. 이때 '로부터'는 '으로'로 대체될 수 없고, '부터'로 대체되면 어색하다. 따라서 '로부터'는 분리될 수 없는 것이다. 그리고 '로부터'는 어떤 행동이 비롯되는 대상을 나타내는 체언에 붙어 그 행동의 근원이나 출처를 나타내는 새로운 의미를 가지게 된다. 또한 이때의 '로부터'는 공시적으로 여전히 '로'＋'부터'의 형식으로 형태소 분석이 가능하다. 이와 같은 내용을 바탕으로 이 책에서는 '로부터'가 문법화 과정을 거쳐 형성된 복합 조사로 본다.


## [7] 만치도, 만큼도, 만큼은

'만치도, 만큼도, 만큼은'은 부사격 조사 '만치, 만큼'과 보조사 '도, 은'의 결합형식으로 보인다. 이들은 모두 복합 조사일 가능성이 있으므로 앞으로 다시 논의하기로 한다.

(27) 가. 일할 생각은 눈꼽[만치도, 만큼도] 없다.
　　　나. 나도 너<u>만큼은</u> 할 수 있다.
　　　다. 잡담<u>만큼은</u> 삼갑시다.

(27)´ 가. 일할 생각은 눈꼽[*만치, *만큼, *도] 없다.
　　　나. 나도 너[만큼, *은] 할 수 있다.
　　　다. 잡담[*만큼, *은] 삼갑시다.

(27가)의 '만치도, 만큼도'는 '눈꼽'에 붙어 쓰여 일할 가능성조차도 없다는 것을 강조하고 있다. 이러한 의미는 단순 정도나 한도를 나타내는

'만치, 만큼'과 차이가 난다. 그리고 이때의 '만치도, 만큼도'는 (27가)´처럼 나눠서 쓰일 수 없다. 또한 이때 문장에서 '만치도', '만큼도'와 호응하는 서술어는 주로 '없다, 아니다' 등과 같은 부정적 의미를 나타내는 용언이다. 이와 같은 결합 양상은 '만치, 만큼'과 다르다. 이러한 용법을 가지고 있는 '만치도, 만큼도'는 이미 다른 하나의 조사로 형성된다. 또한 이러한 용법을 가진 '만치도, 만큼도'는 공시적으로 각각 '만치＋도', '만큼＋도'로 형태소 분석이 가능하다. 즉 이 두 조사는 모두 복합 조사로 볼 수 있다.

한편 (27나)의 '만큼은'은 (27나)´처럼 '만큼'으로 대체되어 쓰일 수 있다. 이러한 '만큼은'의 '은'은 단순히 '만큼'에 붙어 강조한다는 의미로 본다. 하지만 (27다)의 '만큼은' (27다)´처럼 '만큼'이나 '은'으로 대체될 수 없다. 그리고 이때 '만큼은'의 쓰임은 (27가)의 '만치도, 만큼도'와 같다. 따라서 이 책은 (27다)와 같은 상황에 쓰인 '만큼은'을 복합 조사로 본다.


## 3.3.2. 단일 조사와 복합 조사의 구별

형태소의 수량에 따라 설정하자면 단일 조사는 단일 형태소로 이루어진 조사이고, 복합 조사는 두 개 이상의 형태소로 구성된 조사이다. 하지만 단일 조사 가운데 복합 조사와 구별하기 어려운 것들이 많다. 이는 복합 조사와 밀접한 관련을 가지고 있다. 결속력이 느슨한 조사의 연속 구성은 문법화 과정을 더 겪게 되면 두 구성 성분 간의 결속력이 강해짐에 따라 더 이상 형태소 분석을 하지 못해 단일 조사로 형성된 것이다. 이와 같이 어떤 형식에서 복합 조사인지 단일 조사인지를 확인할 때 문법화와 관련된 내용은 매우 중요하다. 이 책은 이러한 지식과 더불어 앞에서 제시한 복합 조사의 판별 기준을 적용하여 단일 조사와 복합 조사가 구별하기 어렵다는 점에 대해 논의해 본다.

앞의 3장 3.1.에서 제시한 (6가)의 1음절 형태들은 더 이상 형태소 분석이 불가능하므로 단일 조사이다. 그리고 '조차', '까지'와 같은 2음절 형태들의 어원 형식은 직접 구성 성분으로 분석 가능하였지만 현대 한국어에서 이들의 의미 기능과 기원 형식의 의미 기능 사이에 유연성을 분명하게 보이지 않거나 형태상으로 큰 변화가 일어났으므로 더 이상 '좇-+-아', 'ㅅ+ㄱ장'처럼 분석하는 것은 바람직하지 않다. 따라서 (6가)의 항목들은 모두 단일 조사로 본다.

(6나)의 '께서'와 '께옵서'에서의 '서'는 이 책에서 하나의 보조사로 보고 있지만 '께'와 '께옵'과 같은 형태소는 현대 한국어에서 존재하지 않으므로 '께서'와 '께옵서'를 분석 불가능한 단일 조사로 보기로 한다. 한편 '이시여'는 '이-+-시-+-여'의 구성이 조사로 굳어진 것인데, 현재로써 '이-+-시여'로 분석하기도 어렵고, '이시-+-여'로 분석하기도 어렵다.15) 최동주(1999 : 46, 각주5)에서는 조사에도 선어말어미의 출현이 가능한 것처럼 보이는 경우가 있다고 하였는데, '께옵서', '이시여' 등이 바로 그러한 예라고 하였다. 그는 선어말어미이던 '-시-', '-옵-'이 통합된 형식 전체가 하나의 단위로 굳어져서 조사가 된 것으로 보기로 하였다. 그리고 '이시여', '께옵서'와 같은 형식이 유지될 수 있었던 것은 이들 조사의 기능이 문장을 영역으로 하지 않고 선행 성분에 대한 높임을 표현하는 것이기 때문인 것으로 판단되었다고 하였다. 이 책도 이와

---

15) 『표준』에서는 '이시여'를 형태소 분석하지 않았지만 이것의 이형태인 '시여'는 선어말어미 '-시-'와 호격조사 '여'로 분석해 놓았다. 이들은 모두 분석하지 않는 쪽으로 통일하는 것이 낫다.

같은 관점으로 '께옵서', '이시여'는 더 이상 분석 불가능한 단일 조사로
보기로 한다.

그리고 '는커녕'은 보조사 '는'과 보조사 '커녕'의 결합인 것으로 이해
하는 경우가 있다.16) 이정화(1997 : 38), 이규호(2007 : 114) 등에서 '커녕'
은 '(는)커녕'의 형태로만 나타난다는 점과 '는'이 다른 조사의 후행 통
합을 허락하지 않는다는 점을 고려해 볼 때, '는커녕'은 이미 단일 조사
로 굳어졌다고 볼 수 있다고 하였다. 이 책도 이와 같은 입장에서 이를
단일 조사로 다루기로 한다.

최현배(1937/1980)에서는 '마는'을 접속 조사, 허웅(1995)에서는 보조사
로 분류하고 있다. 하지만 '마는'이 쓰일 수 있는 자리는 주로 서술 종결
형 '-습니다, -다, -지, -네', 의문형 '-요' 등 몇 가지의 뒤로 국한된다.
그리고 더 큰 문제는 '마는'이 체언의 뒤에 오지 못하는 것이다. 따라서
이 책은 '마는'을 복합 조사로 인정하지 않기로 한다.17) '마따나'는 항상
'언어로 전달된 것'의 의미를 가지는 명사 뒤에만 나오는 제한된 분포를
가지고 있으므로 엄정호(1997 : 99)에서는 이를 접미사로 보고 있다. 이
책도 '마따나'를 복합 조사로 보지 않는다. 매우 제한된 실현 환경이 한
가지 이유이지만 더 큰 문제는 '마따나'의 기원 형태소가 무엇인지를 알
기 어렵다는 점이다. '새로에'는 보조사 '는'에 후행 통합하여 나타나기
때문에 '는새로에'를 하나의 복합 조사로 보아야 할 가능성도 있다. 그

---

16) 『표준』의 견해이다. 이규호(2007 : 114)에서 '커녕'이 쓰인 모든 문장은 '는커녕'으로도
　　쓰일 수 있기 때문에 '커녕'은 '는커녕'의 준말로 보아야 한다고 하였다. 허웅(1995 :
　　1378-1380)도 '는커녕'의 '는'이 생략 가능한 것으로 보고 있다. 'A는커녕 B'는 'A는
　　말할 것도 없고 B도'의 뜻으로 '는커녕'이 A와 B를 대조적인 관계로 접속한다고 볼 수
　　있다고 하였다.
17) 김동식(1996 : 112)에서는 '마는'과 같이 '시피', '그려' 등 문장 뒤에 연결되어 쓰인 것
　　을 조사와 구분을 하여 첨사(添辭)라고 부르고 있다. 또한 일부 학자는 이를 문말 조사라
　　고 부르기도 한다.

러나 '새로에'의 '로'와 '에'가 조사인지는 알 수 없다.

### [1] '이야¹, 이야²', 이야말로

'이야¹, 이야²'는 많은 우에 조사로 보고 있다. 하지만 일부 학자는 '이야'에서의 '이'가 지정사 '이-'와 아무 관계가 없다고 주장한다. 따라서 이들에 대한 논의는 구체적으로 다시 하기로 한다. 그리고 일반적으로 '이야¹'은 강조를 나타내는 보조사이고, '이야²'는 명사(구)를 이어주는 접속 조사인 것으로 간주된다.

> (28) 가. 몸이야 더럽혀도 마음만은 아껴 가져야지(허웅, 1995 : 1465).
>      나. 오며 가며 차삯이야 몸수발이야 뒷갈무리야 해서 돈은 훨씬
>         더 듭니다(허웅, 1995 : 1370).

(28가)의 '이야'는 바로 보조사로 부르는 '이야¹'이고, (29나)의 '이야'는 바로 접속 조사로 부르는 '이야²'이다. (28)에서 쓰인 '이야'는 모두 조사의 용법으로 나타낸 것으로 보인다. 하지만 '이야'의 형태소 분석이 가능한지에 대해서는 논의의 여지가 있다.

이현희(1995 : 550)에서는 현대 한국어에서 '야'가 용언의 어간에 직접 결합되는 일이 없기 때문에 '이야'를 '이-+-야'로 분석하는 것은 불가능하다고 하였다. 최동주(1999 : 48)에서도 이와 같은 주장으로 '이야'를 이미 하나의 단위로 굳어진 것이라고 보고 있다. 이 책도 이와 같은 것으로 '이야'를 형태소 분석이 불가능한 단일 조사로 보기로 한다.

한편 '이야'와 관련하여 '이야말로'도 함께 검토해 볼 수 있다.

(29) 철수<u>야말로</u> 공을 잘 찬다.

(29)의 '야말로'는 '철수'에 붙어 쓰여 선행어를 강조해 주는 느낌을 한다. 이때의 '야말로'는 '야'와 같은 것으로 형태소의 분석이 가능한지가 확실하지 않다.

채완(1993 : 88)에서는 '야말로'가 용언 어간에 전혀 연결될 수 없기 때문에 어미일 가능성이 없다고 하였다. 그는 '야'와 '야말로'를 비교 논의한 결과는 두 형태가 별개의 조사라고 하였다. 한편 『표준』에서는 '이야말로'를 '이야'와 '말로'로 분석하였다. 이렇게 분석할 때 '이야'가 보조사임은 분명한데, '말로'는 무엇인지 설명하기가 쉽지 않다.

그리고 서태룡(2005 : 116)에서 '이야', '이야말로'의 '이'는 지정사 '이-'가 통시적 변화를 경험한 존재일 가능성이 높지만 공시적으로 그 뒤의 '야', '야말로'는 어미로는 쓰이지 않아 고유한 조사처럼 보인다고 하였다. 이때의 '이'는 단순한 조음소라고 보았다. 이 책에서도 이와 같은 입장에 따라 '이야말로'는 공시적으로 '이-'+'-야말로'로 형태소 분석이 불가능하므로 단일 조사와 더 가깝다고 본다.

[2] 이여

(30) 가. 하늘<u>이여</u> 굽어 살피소서.
　　　나. 하늘<u>이시여</u> 굽어 살피소서.

(30가)의 '이여'는 선행어 '하늘'에 붙어 쓰인 조사이다. 하지만 '이여'의 형태소 분석이 가능한지가 불투명하다. 김동식(1996 : 116)에서는 '이여'가 다른 용언의 어간 뒤에 분포할 수 없으므로 단일 조사라고 하고

있다. 현대 한국어에서 '여'는 용언 '하-' 뒤에 분포하여 선행절과 후행절을 연결하는 어미로 쓰일 뿐, 지정사 '이-' 뒤에 분포할 수 없으므로 이 책은 '이여'를 형태소 분석이 불가능한 단일 조사로 보기로 한다. 한편 (30가)의 '이여'는 (30나)처럼 '이시여'로 대체될 수 있다. 앞에서 논의한 대로 '이시여'는 단일 조사이다. 이런 면에서 보아도 '이여'는 단일 조사이다.

### 3.3.3. '이'계 활용형과 복합 조사의 구별

'이'계 활용형이 문법화 과정을 거쳐 복합 조사로 굳어진 것들이 많이 발견된다. 그러나 이러한 '이다'의 활용형에서 형성된 복합 조사는 기원 형식과의 구별이 그리 쉽지 않다. 따라서 이 책은 '이다'의 활용형과 조사의 기본적인 차이를 바탕으로 문법화 이론을 적용하여 이러한 '이다'의 활용형들이 복합 조사인지 아닌지를 확인해 보기로 한다.

'이다'의 '이'는 모음으로 끝나는 낱말 뒤에서 수의적으로 탈락하는데,[18] 이러한 '이'의 탈락이 필수적인 경우에는 조사로 굳어진 것으로 보아야 한다. '이'의 탈락이 필수적으로 이루어지는 것은 이때의 '이'가 지정사로서의 기능이 약해지고 조음소의 역할을 하는 것으로 볼 수 있다.[19] 따라서 '이'와 관련된 어떠한 형태가 '이다' 활용형인지 복합 조사

---

18) 그러나 모음으로 끝나는 낱말 뒤에 쓰일 때에도 관형사형 어미 '-ㄴ, -ㄹ'이나 명사형 어미 '-ㅁ' 등의 앞에서는 '이'가 탈락하지 않는다. 이에 대해서는 남기심·고영근(1985/1993 : 100), 서정목(1993 : 490-493), 이승재(1994 : 23-24) 등을 참고하기 바란다.

19) 임홍빈(1985)에서는 '이'를 조음소로 볼 수 없다고 하였으나, 배주채(1993 : 100)에서는 '이'를 '준매개모음'이라고 하였다. 한편 여기서 공형태소의 관점에서도 이를 논의할 수 있어 보인다. 하지만 '-이X'와 '-X'는 다른 형태소와의 관계에 따라 선택되는 이형태 관계에 있다. 즉, 어떤 형태소와의 관계에서는 '반드시 없어야' 하고 어떤 형태소와의 관계에서는 '반드시 있어야' 하는 것은 공형태소라고 할 수 없다는 것이다. 이에 따라 이때의 '이'는 공형태소가 아니라는 것이다.

인지를 확인할 때 음운론적 기준, 즉 '이'의 탈락 여부를 추가적으로 논의할 필요가 있다. 채완(1993), 이원근(1996), 남윤진(1997), 최동주(1999), 한용운(2003) 등에서는 '이'계 활용형과 조사를 구별할 때 모두 이와 같은 판별 기준을 사용하고 있다.

그리고 앞에서 제시한 '분리 불가능하다'란 형태적 복합 조사의 검증 기준은 여기서 구체적으로 '선어말어미의 개입이 불가능하다'로 실현된다. 이는 형태론적으로 문법화가 일어나는지의 여부를 확인하기 위한 중요한 기준이다. 최동주(1999), 이규호(2003, 2007) 등에서도 이와 같은 선어말어미의 개입 가능성 여부를 통해 용언의 활용형인지 조사인지를 논의하였다. 지정사라면 활용을 할 수 있으므로 선어말어미가 개입될 수 있지만, 조사라면 선어말어미의 개입이 불가능하다.[20] 하지만 선어말어미의 개입 가능성으로 단정하여 말하기 어려운 경우들이 있다. 최동주(1999 : 46)에서는 선어말어미가 개입할 수 있다고 하더라도, 그 선어말어미가 반드시 출현해야 하는 상황에서 출현하지 않았다면 이는 기존의 질서에서 벗어났음을 의미하기 때문이라고 하였다.

결국 이 책에서 검토하고자 하는 복합 조사의 기준은 구체적으로 '이'의 탈락 가능성, 선어말어미의 개입 가능성, 통합 관계의 변화, 의미의 변화 등으로 요약할 수 있다.[21] 선어말어미의 개입을 통해 구체적인 출현 양상을 검토한다는 점과 모음 뒤에서 '이'가 필수적으로 탈락하지 않는 경우에도 다른 현상들을 고려하여 문법화된 것으로 보기도 한다는

---

20) 앞에서 논의한 대로 예외적인 경우 '이시여, 께옵서' 등이 있는데 이 책은 이들이 전체가 하나의 단위로 굳어져서 조사가 된 것으로 보기로 한다.
21) 이원근(1996), 장미(1999), 최동주(1999), 한용운(2003) 등에서는 '자리의 통용성'을 '이'계 활용형과 조사의 판별 기준으로 제시하였다. 한편 '자리의 통용성'은 주로 보조사의 특성이라는 점에서 '이'계 활용형과 개별 복합 조사(복합 보조사)를 판별할 때 사용하기로 한다.

점 등에서 채완(1993)에서 제시된 기준을 보완한 것이라고 할 수 있다. 이렇게 판별 기준이 보완될수록 복합 조사와 '이'계 활용형을 더 정확하게 가려낼 수 있다. 다음으로 이러한 기준을 '이다' 활용형들에 적용하여 복합 조사인지의 여부를 확인한다.

앞의 3장 3.1.에서 제시한 (7가)의 '이다¹'은 소위 서술격 조사라고 부르는 것이다. 이 책에서는 '이다'가 활용을 할 수 있다는 점에서 지정사로 처리한다. 따라서 '이다¹'을 조사의 목록에서 제외하여야 한다. (7나)의 '이라야만'은 '스타들은 브랜드 옷이라야만 입는다'고 할 때에 쓰이는 것이다. 이때 후행 통합한 '만'은 '스타들은 브랜드 옷이라야 입는다'처럼 분리 가능한 것으로 선행 요소를 강조해 주는 기능을 한다. 따라서 '이라야만'은 단순한 조사 연속 구성으로 본다.

그리고 (7다)의 '이요'의 기원 형식에 관하여 최전승(1990 : 174-175), 이기갑(1997 : 210) 등은 하오체의 종결어미 '-오'로 보고 있는데, 민현식 (1984 : 141), 고광모(2000 : 260-267), 한용운(2003 : 215-216) 등은 '이-'의 활용형 '이오'라고 보고 있다. 한편 배주채(2001 : 48)에서 지정사의 활용 정보를 논의할 때 '이다'의 어간과 연결 어미 '-고'가 결합한 활용형은 당연히 '-이고'인데 이에 대한 古形으로 '이요'와 '요'가 있다고 하였다.22) 그는 이때의 '이요/요'는 15세기에 '이오(←이-고)'였는데 이것은 당시에 '이다'의 어간 '이-' 뒤에서 어미 첫소리 ㄱ이 ㅇ으로 변동하는

---

22) 배주채(2001 : 48)에서는 '이다'와 '아니다'를 지정사라고 하였다. 그리고 '이고'와 '이요'의 관계에 대하여 다음과 같은 예문을 제시하고 있다.

　가. 이것은 책이요, 저것은 붓이요, 또 저것은 먹이다.
　나. 이것은 책이고, 저것은 붓이고, 또 저것은 먹이다.

이 논의에서 위 두 문장 중에서 (가)는 古形 (나)는 新形이라고 하고 있다.

규칙에 따라 표기된 것이라고 하였다. 곧 '이오'에 y첨가가 일어난 형태가 '이요'이고 '이오'의 두 음절이 축약된 형태가 '요'라고 하였다. 이 책에서는 조사로 쓰인 '요'가 이와 같은 특성을 가지고 있는 '이-'의 활용형에서 문법화를 거쳐 형성된 것이라고 본다. 그리고 이렇게 형성된 '이요'는 이미 형태적으로 많은 변화를 겪어 되어 더 이상 '이-'+'-고'로 형태소 분석이 불가능한 단일 조사로 굳어진다고 본다. '요'의 경우도 마찬가지이다.

### [1] 이라는1, 이라는2, 인

이규호(2007 : 120, 127)에서는 '이라는'을 종속을 나타내는 접속 조사 '이라는1'과 강조를 나타내는 접속 조사 '이라는2'로 보고 있다.

    (31) 가. 꽃분이라는 이름의 처녀
         나. 그 할머니는 딸만 여섯을 낳아 남편으로부터 구박이라는 구
             박은 다받고 살아오셨다(이규호, 2007 : 127).

    (31)′ 가. ?꽃분이라던 이름의 처녀
         나. *그 할머니는 딸만 여섯을 낳아 남편으로부터 구박이라던
             구박은 다 받고 살아오셨다.

    (31)″ 가. 꽃분이었던 이름의 처녀
         나. *그 할머니는 딸만 여섯을 낳아 남편으로부터 구박이었던
             구박은 다 받고 살아오셨다.

(31가)의 '이라는'은 이른바 종속을 나타내는 접속 조사 '이라는1'인데

(31가)´처럼 '이라던'으로 교체되어 쓰일 수 있다. 그리고 (31가)″에서 과거를 나타내는 선어말어미 '-었-'과 통합할 수도 있다. 즉 이때의 '이라는'을 조사로 보기보다는 '이-'의 활용형으로 보는 것이 더 낫다. 한용운(2003 : 235-236)에서는 이와 같은 용법을 가진 '이라는'이 '이라고 하는'의 의미와 가능, 그리고 분포 양상도 같은 것이므로 '이라고 하는'의 준말이라고 보고 있다. 요컨대 이때의 '이라는¹'은 복합 조사로 볼 수 없다.

(31나)의 '이라는'은 이른바 강조를 나타내는 접속 조사 '이라는²'인데, 동일한 명사 '구박'을 연결하여 '강조'의 표현 효과를 높이고 있다. 이때의 '이라는²'는 (31나)´, (31나)″처럼 선어말어미의 개입은 허용되지도 않고 '이라던'으로 교체되어 쓰이지도 않는다. 따라서 '이라는²'는 하나의 조사로 볼 수 있다.

그러나 '이라는²'를 단일 조사로 볼 수는 없다. (31나)의 '구박이라는 구박'은 '구박이라고 하는 구박'으로 대체될 수 있어 보인다. '이라는²'가 이처럼 '이라고 하는'으로 환원이 가능하다는 점에서 '이다'를 포함한 인용 구성의 성격을 여전히 가지고 있다는 것을 말해준다. 그리고 '구박이라는 구박'은 '구박이란 구박'으로 줄어들 수 있는 것도 '이'를 포함한 인용 구성의 성격과 같다. '라'는 '이' 아래에서의 종결어미 '다'의 이형태이므로 '이라는²'가 '이다'를 포함하고 있다는 것은 명백하다. '이라는²'의 '이'는 지정사 '이다'와, '라'는 종결어미 '다'와, '는'은 관형사형 어미 '는'과 형태소적으로 동일한 것이라고 할 수 있다. 따라서 '이라는²'는 단일 조사라고 하기 어렵고 복합 조사로 보아야 한다.

다음으로 '인'의 쓰임을 살펴본다.

(32) 가. 잡곡의 하나인 조
　　　나. 사장님인 아버지

이규호(2007 : 120)에서는 (32가)를 제시하면서 '인'을 종속 접속 조사로 보고 있다. 하지만 (32가)와 같은 쓰임을 가진 '인'을 (32나)와 같은 예문으로 제시할 수도 있다. (32나)의 '인'은 복합 조사인지를 확인하기 위해 다음과 같이 변형시킬 수 있다.

    (32)´ 가. 사장님<u>이신</u> 아버지
        나. 사장님<u>이었던</u> 아버지

(32)´처럼 '인' 사이에 선어말어미 '-시-'나 '-었-+-더-'가 개입될 수 있다. 즉 이때의 '인'은 조사가 아니라 '이-'의 활용형이다.


### [2] 이거나, 이든가, 이든지

'이거나, 이든가, 이든지'의 통사 구조가 비슷하므로 이들을 함께 묶어서 다루기로 한다. 그간 대부분 선행 연구에서는 이들을 보조사의 기능과 접속 조사의 기능을 모두 갖고 있다고 보았다. 다음으로 이들의 용법을 다시 한 번 확인해 보고자 한다.

    (33) 가. 공주[이거나, 이든가, 이든지] 왕자[이거나, 이든가, 이든지]
           간에 성에는 아무도 들어갈 수 없습니다(한용운, 2003 : 221).
       나. 공주[거나, 든가, 든지] 왕자[거나, 든가, 든지] 간에 성에는
           아무도 들어갈 수 없습니다.
       다. 공주[이었거나, 이었든가 이었든지] 왕자[이었거나, 이었든가,
           이었든지] 간에 성에는 아무도 들어갈 수 없습니다.

(33)은 '이거나, 이든가, 이든지'가 체언과 체언 사이에 두 번으로 반

복해서 만드는 문장이다. (33가, 나)처럼 '이'가 모음으로 끝난 체언 바로 뒤에서의 탈락은 수의적으로 나타난다. 즉 이때의 '이'는 서술성 의미 기능을 가지며, 선행 성분은 서술어가 만들어 주는 통사적 기능을 담당하고 있다. 또한 (33다)에서 '이거나, 이든가, 이든지'의 사이에 선어말어미 '-었-'이 개입될 수 있어 보인다. 선어말어미는 체언 바로 뒤에 분포할 수 없으므로 (33다)의 '이거나, 이든가, 이든지'는 '이'계의 활용형으로 볼 수밖에 없다. 따라서 (33)처럼 '이거나, 이든가, 이든지'는 체언과 체언 사이에 두 번으로 반복해서 쓰일 때 '이'계의 활용형으로 보기로 한다.

　하지만 이와 같은 용법을 가진 '이거나, 이든가, 이든지'는 모두 문장의 주어나 목적어에 모두 결합하여 쓰인 것으로 보인다. 다음 예문의 사정을 달리 보아야 할 듯하다.

　　(34) 가. 대통령 각하께[거나, 든가, 든지] 김 비서에게[거나, 든가, 든지]
　　　　　　지금 곧 전화를 해 주게.
　　　　나. 그녀는 학교에서[거나, 든가, 든지] 집에서[거나, 든가, 든지]
　　　　　　항상 예의 바르게 행동한다.
　　　　다. 밥을 먹는다[거나, 든가, 든지] 국수를 먹는다[거나, 든가, 든지]
　　　　　　뭐든 다 잘 먹어야 한다.

　위 예문에서 '거나, 든가, 든지'는 모음으로 끝나는 부사격 조사 '께, 에게', '에서'가 종결어미 '-다'에 붙어 쓰이고 있다. 이들 모두 정상적 문장으로 볼 수 있다. 이런 상황에 쓰인 '거나, 든가, 든지' 앞에 '이'를 첨가시키거나 그 사이에 선어말어미 '-었-'을 개입시키면 다음과 같이 비문이 된다.

(34)´ 가. *대통령 각하께[이거나, 이든가, 이든지] 김 비서에게[이거나,
이든가, 이든지] 지금 곧 전화를 해 주게.

나. *그녀는 학교에서[이거나, 이든가, 이든지] 집에서[이거나,
이든가, 이든지] 항상 예의 바르게 행동한다.

다. *밥을 먹는대[이거나, 이든가, 이든지] 국수를 먹는대[이거
나, 이든가, 이든지] 뭐든 다 잘 먹어야 한다.

(34)″ 가. *대통령 각하께[이었거나, 이었든가, 이었든지] 김 비서에게
[이었거나, 이었든가, 이었든지] 지금 곧 전화를 해 주게.

나. *그녀는 학교에서[이었거나, 이었든가, 이었든지] 집에서[이
었거나, 이었든가, 이었든지] 항상 예의 바르게 행동한다.

다. *밥을 먹는대[이었거나, 이었든가, 이었든지] 국수를 먹는다
[이었거나,이었든가, 이었든지] 뭐든 다 잘 먹어야 한다.

위 예문에서 보여준 것처럼 이때 '거나, 든가, 든지'에서 '이'의 탈락은
필수적인 것이다. 선어말 어미의 개입도 허용되지 않는다. 이러한 용법
을 갖고 있는 '거나, 든가, 든지'는 복합 조사로 보아도 큰 문제가 되지
않는다. 따라서 이 책은 (33)과 같은 경우에 쓰인 '이거나, 이든가, 이든
지'는 '이'계 활용형으로 보기로 하고, (34)와 같은 경우에 쓰인 '이거나,
이든가, 이든지'는 조사로 보기로 한다.

한편 다음과 같은 '이거나, 이든가, 이든지'는 문장에서 한 번만 실현
되어 있다.

(35) 가. 그 말을 들으면 누구[거나, 든가, 든지] 그를 동정하게 된다.

(허웅, 1995 : 1440)

나. 그 말을 들으면 누구[*이거나, *이든가, *이든지] 그를 동정
하게 된다.

　　다. 그 말을 들으면 누구[*이었거나, *이었든가, *이었든지] 그를
　　　　동정하게 된다.

(36) 가. 누구[거나, 든가, 든지] 한 사람만 필요하다.
　　　나. 어디[거나, 든가, 든지] 가 보자.
　　　다. 어떤 방법으로[거나, 든가, 든지] 그 일을 해 내야지.

(엄정호, 1997 : 91)

　　(35)의 '거나, 든가, 든지'의 선행어는 모두 한 번만 실현된 불특정대
상을 나타내는 체언이다. (35나)처럼 이때 '거나, 든가, 든지'의 '이'의
탈락은 필수적이다. 이에 따르면 (35다)에서 실현된 것처럼 선어말어미
'-었-'의 개입은 허용되지 않는다. 그리고 (36)의 '거나, 든가, 든지'는
문장의 주어, 목적어, 부사어 아래에 결합하여 쓰이고 있다. 이러한 쓰임
은 모두 조사의 특성과 관련된다. 이상의 논의를 종합해 보면 부정어(不
定語)와 결합하여 쓰인 '이거나, 이든가, 이든지'는 '이'의 탈락이 필수적
이고, 선어말어미의 개입도 허용되지 않고, 여러 문장 성분에 결합하여
쓰일 수 있다. 따라서 이들은 문법화 과정을 거쳐 형성된 조사이다.

　　그러나 '이거나, 이든지, 이든가' 등을 단일 조사로 볼 수는 없다. (34),
(35)에서 쓰인 '이거나, 이든가, 이든지'는 주로 선행어 중에서 어느 것을
선택하여도 상관없음을 나타낸다. 이러한 의미는 활용어미 '-거나, -든
가, -이든지'의 나열이나 선택의 의미와 유연성을 보인다. 따라서 '이거
나, 이든지, 이든가'는 공시적 형태소 목록에 존재하는 지정사 '이-' 및
연결 어미 '-거나, -든가, -든지'로 형태소 분석이 가능하며 이들은 단
일 조사가 아닌 복합 조사라고 볼 수 있다.

　　이상의 내용을 정리하면 '이거나, 이든가, 이든지'는 문장에 두 번 이
상 반복하여 나타날 때 두 가지 용법을 가진다. 하나는 '이'의 탈락이 수

의적이고, 선어말어미가 개입될 수 있는 '이'계 활용형이다. 다른 하나는 '이'의 탈락이 필수적이고, 선어말어미의 개입도 불가능한 복합 조사이다. 그리고 한 번 실현되어 부정어(不定語)의 선행어에 붙어 쓰인 '이거나, 이든가, 이든지'는 '이'의 탈락이 필수적이고, 선어말어미의 개입이 불가능하고, 자리의 통용성을 갖고 있다. 이와 같은 부정인 선행어에 붙어 쓰인 '이거나, 이든가, 이든지'도 모두 복합 조사이다.

### [3] 이고, 이다2, 이며

(37) 가. 연습[이고, 이다, 이며] 레슨[이고, 이다, 이며] 시간이 하나도 없다.
　　나. 외할머니께서는 우리들에게 잡채[고, 다, 며] 불고기[고, 다, 며] 있는 것은 다 차려 주셨다(이상 『표준』).
　　다. 교수[고, 다, 며] 강사[고, 다, 며] 모두 학교에 나왔다.

(37)은 '이다, 이고, 이며'가 체언 아래에 연결되어 쓰인 문장이다. 이들의 용법을 정확하게 알아내기 위해 위 예문을 다음과 같이 바꿔 보았다.

(37)′ 가. *?외할머니께서는 우리들에게 잡채[이고, 이다, 이며] 불고기[이고, 이다, 이며] 있는 것은 다 차려 주셨다.
　　나. *?교수[이고, 이다, 이며] 강사[이고, 이다, 이며] 모두 학교에 나왔다.

(37)″ 가. *?외할머니께서는 우리들에게 잡채[였고, 였다, 였며] 불고기[였고, 였다, 였며] 있는 것은 다 차려 주셨다.
　　나. *?교수[였고, 였다, 였며] 강사[였고, 였다, 였며] 모두 학교에 나왔다.

(37)´, (37)″에서 '이고, 이다, 이며'의 '이'의 탈락은 필수적으로 나타나고, 선어말어미 '-었-'의 개입도 불가능한 것으로 나타난다. 이러한 용법을 갖고 있는 '이고, 이다, 이며'는 조사로 인정할 수 있다. 그리고 (37)에서 '이고, 이다, 이며'와 결합한 명사구는 각각 문장의 부사어, 목적어, 주어이다. 즉 이들은 문장에서 자리의 통용성을 갖고 있다. 요컨대 이들의 용법은 '이'계 활용형보다 조사와 더 가깝다고 할 수 있다.

그러나 '이고, 이다, 이며'를 단일 조사로 볼 수는 없다. (37가)는 '그것이, 할 일이, 연습이다…'와 같이 변경될 수 있다. 이때의 '그것이, 할 일이, 연습이다…'는 역시 '이다'의 논항으로 통사적으로 강력하게 요구되지 않지만 어느 정도 약하게는 상정할 수 있다고 본다. 즉 '이고, 이다², 이며'의 '이'는 '이다'의 '이'와 동질적이다. 또한 위 예문에서 '이고, 이다², 이며'는 모두 두 개 이상의 명사(구)를 대등하게 접속시켜 주고 있다. 이러한 의미는 활용어미 '-고, -다, -며'의 대등접속 기능과 유연성을 가고 있다. 따라서 '이고, 이다², 이며'는 공시적으로 존재하는 '이-' + '-고, -다, -며'로 형태소 분석이 가능하다고 본다. 따라서 '이고, 이다², 이며'는 모두 복합 조사라고 할 수 있다는 것이다.

한편 '이고'는 다음과 같은 용법도 가지고 있다.

(38) 가. 누구고 가기만 하면 된다.
　　　나. 그는 무엇이고 잘 먹어요.
　　　다. 어디에서고 잘 배울 수 있으면 된다.

위 예문에서 '이고'는 부정어(不定語)를 선행어로 취하며 그 선행어에 대하여 가리지 않는다는 의미를 나타내고 있다. 이러한 용법을 가지고 있는 '이고'가 복합 조사인지를 확인하기 위해 (38가)를 다음과 같이 바꿔 보았다.

(38)´ 가. *누구이고 가기만 하면 된다.

　　나. *누구시고 가기만 하면 된다.

　(38가)´에서 모음으로 끝난 선행어와 결합하여 쓰일 때 '이고'의 '이'는 반드시 탈락되어야 하는 것으로 나타난다. 그리고 (38나)´는 '이고' 사이에 선어말 어미 '-시-'의 삽입을 허용하지 않는다. 또한 이때의 '이고'와 연결 어미로 쓰인 '-고'의 통사적 결합 관계에서 차이가 나는 것으로 확인된다. 요컨대, 이러한 상황에 쓰인 '이고'는 음운적, 형태적, 통사적, 의미적 면에서 모두 조사와 더 가깝다는 특성이 드러난다. 그리고 이때의 '이고'도 (37)의 '이고'와 같은 방식으로 형태소 분석이 가능하다고 본다. 즉 이때의 '이고'도 복합 조사로 볼 수 있다.

### [4] 이냐

(39) 가. 과자냐 과일이냐 한 가지를 선택하라.

　　나. 판교 청약자들은 당첨이냐 낙첨이냐에 따라 희비가 엇갈렸다.

　　　　　　　　　　　　　　　　　　　　(이규호, 2006 : 188)

(39)´ 가. *?과자이냐 과일이냐 한 가지를 선택하라.

　　나. *?판교 청약자들은 당첨이었냐 낙첨이었냐에 따라 희비가 엇갈렸다.

　(39)의 '이냐'는 서로 대조관계를 갖고 있는 선행 체언에 붙어 쓰인다. 이때의 '이냐'가 복합 조사인지를 확인하기 위해 (39)를 (39)´와 같이 바꿔 보았다. (39가)´에서 모음으로 끝나는 '과자'와 결합하여 쓰일 때 '이'가 탈락하지 않으면 문장이 어색해진다. 그리고 (39나)´에서 '이냐' 사이

에는 선어말어미 '-었-'을 개입시킬 수 없는 것으로 나타난다. 즉 이때의 '이냐'는 모음으로 끝난 체언에 연결되면 '이'의 탈락이 필수적이고, 선어말어미의 삽입은 불가능하다. 이들의 형태적 기준으로 보면 '이냐'는 복합 조사일 가능성이 높다.

그리고 (39가)의 '이냐'는 목적어와 같은 문장 성분에 연결되어 쓰이고, (39나)의 '이냐'는 부사어와 같은 문장 성분에 연결되어 쓰인다. 이러한 쓰임은 '이냐'가 문장에서 자리의 통용성을 어느 정도 가지고 있음을 말해준다. 또한 이때의 '이냐'는 종결어미나 연결 어미와 달리 두 접속항을 이어주는 역할을 하고 있다. 이러한 특성을 바탕으로 이 책은 (39)와 같은 예문에서 쓰인 '이냐'를 조사로 보기로 한다.

그러나 '이냐'를 단일 조사로 볼 수는 없다. "과자냐 과일이냐"는 의문형 어미 '-냐'가 포함된 선택 의문문의 성격을 여전히 가지고 있다. 또한 '당첨이냐 낙첨이냐'의 주어의 '추첨 결과가'가 약하게나마 상정될 수 있다. 이것은 '이냐'의 '이'가 '이다'의 성격이 아직도 유지되고 있다는 증거이다. 즉 '이냐'는 공시적으로 존재하는 '이-'와 '-냐'라는 형태소를 포함하고 있다고 볼 수 있다. 다시 말하면 '이냐'는 형태소 분석이 가능하다는 것이다. 요컨대 '이냐'는 어미 '-냐'와 의미 유연성을 유지하고 있기도 하고, 형태소 분석이 가능하기도 하다. 이러한 내용을 바탕으로 '이냐'는 단일 조사가 아닌 복합 조사이다.


## [5] 이니

'이니'는 '이-'의 활용형인지 조사화한 것인지 현대 한국어에서 문제가 되는 형식이다. 다음 예문을 통해 이에 대해 알아보고자 한다.

(40) 가. 들개<u>이니</u> 늑대<u>이니</u> 온갖 추측이 난무했다(한용운, 2003 : 228).

　　　나. 들개<u>니</u> 늑대<u>니</u> 온갖 추측이 난무했다.

　　　다. 들개<u>이었니</u> 늑대<u>이었니</u> 온갖 추측이 난무했다.

　(40가, 나)는 '이니'가 모음으로 끝난 체언과 체언 사이에 두 번으로 분포한 예문이다. (40가)와 (40나)가 모두 성립하기 때문에 이때의 '이니'에서 '이'의 탈락은 수의적이다. 그리고 (40다)에서는 '이니' 사이에 선어말어미 '-었-'의 개입도 가능한 것으로 나타난다. 이와 같은 쓰임을 통해 '이니'는 '이-'의 활용형인 것을 알 수 있다.

(41) 가. 시장에는 사과<u>니</u> 배<u>니</u> 온갖 과일이 잔뜩 나와 있다(『표준』).

　　　나. *시장에는 사과<u>이니</u> 배<u>이니</u> 온갖 과일이 잔뜩 나와 있다.

　　　다. *시장에는 사과<u>이었니</u> 배<u>이었니</u> 온갖 과일이 잔뜩 나와 있다.

(42) 가. 사과<u>니</u> 배<u>니</u> 많이 있었다.

　　　나. 사과<u>니</u> 배<u>니</u> 많이 먹었다.

　　　다. 사과<u>니</u> 배<u>니</u> 선물로 많이 들어왔다.

　한편 (41)의 '이니'는 (40)의 '이니'와 다르다. 우선 탈락된 '이'가 다시 실현되면 (41나)처럼 문장이 어색해진다. 즉 이때의 '이'는 필수적으로 탈락된다. (41다)에서 '이니' 사이에 선어말어미 '-었-'이 개입될 수 없음을 보여준다. 또한 (42)의 '이니'는 문장에서 주어, 목적어, 부사어와 결합하여 쓰이고 있다. 이러한 점을 고려하여 (41)과 같은 용법을 갖는 '이니'는 '이'계 활용형보다 조사의 용법과 더 가깝다고 할 수 있다. 그리고 이때 '이니'는 주로 둘 이상의 사물을 같은 자격으로 이어주는 기능을 하고 있는데 이것은 '-니 -니' 구성으로 쓰인 활용어미 나열의 의

미와 일정한 유연성을 가지고 있다. 즉 '이니'는 공시적으로 모두 존재
하는 '이-'+'-니'로 형태소 분석이 가능하다. 따라서 '이니'는 복합 조
사로 볼 수 있다.


### [6] 이니만치, 이니만큼

'이니만치, 이니만큼'이 본래 '이-'에 '원인이나 근거'의 뜻을 나타내는
동의관계에 있는 연결 어미 '-니만치, -니만큼'이 결합하여 쓰인 것이다.
그러나 이규호(2003 : 228)에서는 이들을 복합 조사로 보고 있다.

> (43) 가. 많이 배운 사람<u>이니만치</u> 아는 것도 많다.[23](『표준』)
>      나. 조강지처<u>이니만큼</u> 웬만하면 화해를 해 보소.
>
> (이희자·이종희, 1999 : 126)

> (43)′ 가. 많이 배운 사람<u>이시니만치</u> 아는 것도 많다.
>       나. *?조강지처<u>니만큼</u> 웬만하면 화해를 해 보소.

이규호(2003 : 228)에서는 위 예문의 '이니만치, 이니만큼'이 '체언+이
니만치/이니만큼'으로 재분석될 수 있다고 하였다. 그러나 (43가)′처럼
'이니만치' 사이에 선어말어미 '-시-'의 개입은 가능하다. 그리고 『표준』
에서도 (43)의 '이니만치'를 지정사 '이-'에 어미가 붙어 쓰인 용법으로
제시되어 있다. (43나)의 '이니만큼'은 모음으로 끝난 체언에 연결하는데
도 불구하고 '이'가 탈락되지 않는 상태로 쓰이고 있다. 이상의 논의를 바
탕으로 하여 이 책은 '이니만치, 이니만큼'은 모두 '이'계 활용형으로 본다.

---

23) 이 예문은 『표준』에서 어미로서의 용법으로 제시되어 있다.

[7] 이면

대부분의 논저에서 '이면'은 '이'계 활용형으로 제시되어 있지만, 허웅 (1995), 이원근(1996)에서는 보조사로 제시되어 있고, 이규호(2006, 2007)에 서는 접속 조사로 제시되어 있다.

> (44) 가. 내일이면 늦으리.
> 　　나. 방학 때면 곧잘 금강산을 찾아 헤맨다(허웅, 1995 : 1471).
> 　　다. 국수면 먹을 수 있지만 밥은 못 먹어요(이원근, 1996 : 105).

(44)는 '이면'이 체언의 선행어에 연결되어 쓰인 문장이다. (44가)는 자음으로 끝난 선행어인 경우이고 (44나, 다)는 모음으로 끝난 선행어인 경우이다. 이처럼 체언인 선행어의 상황에서 '이면'은 꼭 조사처럼 쓰인 다. 다음에서 이러한 '이면'이 복합 조사인지 '이'계 활용형인지에 대해 서 알아본다.

> (44)′ 가. ?방학 때이면 곧잘 금강산을 찾아 헤맨다.
> 　　나. ?국수이면 먹을 수 있지만 밥은 못 먹어요.

> (44)″ 가. 방학 때이었으면 곧잘 금강산을 찾아 갔을텐데/갈텐데.
> 　　나. 국수이었으면 먹을 수 있을텐데 밥은 못 먹어요.

문장에서 한 번으로 쓰인 '이면'에서의 '이'는 (44)′처럼 모음으로 끝 난 선행어 앞의 탈락이 수의적이다. 또한 (44)″처럼 선어말어미 '-었-' 의 개입은 허용된다. 즉 문장에서 한 번으로 쓰인 '이면'은 '이'계 활용 형으로 볼 수 있다.

(45) 가. 내일이면 늦으리.

　　나. 그는 저녁이면 학원에서 아르바이트를 했다.

(이상 이원근, 1996 : 104-105)

(45)′ 가. 내일이었으면 늦었을 거야.

　　　나. (그때가) 내일이면 (그때는) 늦으리.

(이상 장미, 1999 : 48-49)

　한편 이원근(1996 : 104)에서는 (45)에서의 '이면'이 문장의 주어와 부사어에 연결되어 쓰이므로 이를 '이'계 보조사로 보았다. 하지만 '이면'이 쓰인 (45)는 (45)′와 같이 바뀔 수 있다. (45가)′는 '이면' 사이에 선어말어미 '-었-'의 개입이 허용된다. 즉 이때의 '이면'은 활용형의 가능성이 크다. 또한 장미(1999 : 49)에서 (45나)′처럼 문장에 주어를 복원시킬 수 있다고 하였다.[24] 즉 이때의 '이면'은 조사보다 '이'의 활용형과 더 가깝다.

　한편 '이면'은 다음과 같이 문장에서 두 번 실현될 수 있다.

(46) 가. 그 가수는 노래면 노래, 연기면 연기 다 잘하니 인기가 높을
　　　　수밖에 없다(『표준』).

　　나. 공부면 공부, 운동이면 운동, 못 하는 게 없다(장미, 1999 : 48).

　(46)은 '이면'이 같은 체언을 연결하여 쓰이는 문장이다. 이런 쓰임의 '이면'은 복합 조사인지를 확인하기 위해 위의 예문을 다음과 같이 바꿔 보았다.

---

24) 장미(1999)에서는 '서술성 여부(주어 복원 가능)'를 '이'계 활용형과 보조사를 구별할 수 있는 기준 중의 하나로 사용하고 있다.

(46)´ 가. *그 가수는 노래<u>이면</u> 노래, 연기<u>면</u> 연기 다 잘하니 인기가
　　　 높을 수밖에 없다.

　　 나. *공부<u>이면</u> 공부, 운동<u>이면</u> 운동, 못 하는 게 없다.

(46)″ 가. *그 가수는 노래<u>이었으면</u> 노래, 연기<u>이었으면</u> 연기 다 잘하
　　　 니 인기가 높을 수밖에 없다.

　　 나. *공부<u>이었으면</u> 공부, 운동<u>이었으면</u> 운동, 못하는 게 없다.

(47) 가. 집안<u>이면</u> 집안, 외모<u>면</u> 외모 모든 조건이 다 최고이다.

　　 나. 공부<u>면</u> 공부, 운동<u>이면</u> 운동, 못 하는 게 없다.

　　 다. 그는 아시아<u>면</u> 아시아, 유럽<u>이면</u> 유럽, 유명한 곳 다 다녀왔다.

이때 '이면'에서 '이'의 탈락은 (46)´처럼 필수적이다. 그리고 선어말
어미 '-었-'의 개입은 (46)″처럼 불가능하다. 또한 두 번 실현된 '이면'
은 같은 명사에 결합하여 (47)처럼 문장의 주어, 목적어, 부사어 자리에
모두 실현될 수 있다. 따라서 이때의 '이면'은 조사의 용법과 가깝다고 할
수 있다. 그리고 이렇게 쓰인 '이면'은 같은 명사구와 결합하여 그 선행어
를 지적하여 강조하는 의미를 나타낸다. 구체적으로 기술하자면 (46가)에
서 두 개의 동일한 명사 '노래'를 하나로 접속시켜 주는 '이면'은 '노래
라는 것을 지적하여 말하자면…'와 같은 의미를 나타낸다. '이면'의 이런
의미는 활용어미 '-면'의 가정이나 조건의 의미와 유연성을 보인다. 즉
이때의 '이면'은 공시적 형태소의 목록에 모두 존재하는 '이-'＋'-면'
으로 형태소 분석이 가능하다. 그렇다면 이때의 '이면'은 복합 조사라고
할 수 있다.

이상의 논의를 종합하면 '이면'은 '이'계 활용형과 복합 조사의 용법을
모두 갖고 있다. 그중에서 동일한 명사에 결합하여 두 번 실현된 '이면'

은 복합 조사로 판정된다.[25] 이처럼 '이면'은 모두 복합 조사로 형성된 것이 아니라 일부 형식은 활용형의 용법과 더 가깝다고 간주할 수 있다.

## [8] 이라고¹, 이라고²

그동안 '이라고'의 문법 범주와 관련된 논의는 일치되지 않았다. 허웅 (1995), 이원근(1996)에서는 '이라고'를 문장의 끝에 붙는 보조사라 하여 격기능을 부여하지 않으며, 최현배(1937/1980), 이주행(1992), 이철수(1992), 김승곤(1996)에서는 '이라고'를 부사격 조사의 하위부류인 인용격조사라 하고 있으며, 한용운(2003)에서는 '이라고'를 '이다'의 활용형으로 제시하고 있다. 다음에서 '이라고'의 용법을 다시 확인해 보자.

(48) 가. 소년이 '야구장 가자'<u>라고</u> 소리를 질렀다(한용운, 2003 : 230).
　　 나. 너<u>라고</u> 그 일을 못할 것이 무어냐?(장미, 1999 : 57)
　　 다. 여기 어디<u>라고</u> 함부로 떠드느냐?(『표준』)

(48가)의 '이라고'는 '따옴표' 뒤에 분포한 인용격조사로 설정된 예이다. 이러한 용법을 가진 '이라고'는 '이라고¹'이다. (48나, 다)의 '이라고'는 모음으로 끝난 선행어에 연결되어 있다. 이러한 '이라고'는 주로 보조사로 설정된 예이다. 이러한 용법을 가진 '이라고'는 '이라고²'이다. (48)에서 쓰인 것처럼 이때 '이라고'의 '이'는 모두 탈락된 것으로 실현되어 있다.

---

25) 장미(1999 : 48)에서는 '가급이면 내일 일찍 오너라.', '이왕이면 돈이나 더 쓰지 그래요' 와 같은 문장에서 '이면'은 부사와도 결합하여 쓰일 수 있으므로 보조사로 보았다. 하지만 '이왕이면, 하필이면'은 사전에서 하나인 부사로 인정하고 있다. 즉 '이왕이면, 하필이면'은 더 이상 '이왕, 하필'과 '이면'의 결합형식으로 보지 않고 하나인 부사이다. 그리고 '가급적이면'에서의 '가급적'은 사전에서 명사임을 밝히고 있다. 따라서 이 책에서 이와 같은 용법은 모두 '이면'의 관용형식으로 보기로 한다.

(48)′ 가. *소년이 '야구장 가자'<u>였다고</u> 소리를 질렀다.

　　　　나. *너<u>였다고</u> 그 일을 못할 것이 무어냐?

　　　　다. *여기 어디<u>였다고</u> 함부로 떠드느냐?

위 예문에서 쓰인 것처럼 '이라고¹', '이라고²' 사이에 선어말어미 '-었-'의 개입은 모두 불가능하다. 선어말어미의 개입이 허용되지 않는 것은 '이라고¹', '이라고²'가 조사일 가능성이 높다는 것을 말해준다.

(48)″ 가. 너<u>라고</u> 그 일을 못할 것 같냐?

　　　　나. 책<u>이라고</u> 샀더니 볼 것이 없다.

위 예문에서 '이라고²'는 각각 문장의 주어 자리, 목적어 자리에 사용되고 있다. 즉 '이라고²'는 문장에서 한 자리에 국한되지 않고 자리의 통용성을 가지고 있다. 한편 일반적으로 자리의 통용성은 보조사의 특성이다. 그러므로 '이라고²'는 보조사의 기능을 가지고 있다.

이처럼 격조사의 '이라고¹'과 보조사의 '이라고²'는 모두 분리될 수도 없고, 선어말어미의 개입도 불가능하고, 자리의 통용성도 갖고 있고, 통사적 특성에도 변화가 일어난다. 따라서 이들을 모두 조사로 보기로 한다. 그러나 이들을 단일 조사라고 볼 수 없다. '이라고¹, 이라고²'의 '라고'는 인용을 나타내는 활용 형식 '이라 하고'와 의미 유연성을 갖고 있다고 볼 수 있다. 그리고 '이라고'의 '라'는 '다'가 '이다'의 어간에 연결될 때 실현된 이형태이다. 즉 '이라고'의 '이'는 '이다'의 '이'와 형태소적으로 동일하다고 볼 수 있다. 따라서 '이라고'는 형태소 분석이 가능하다. 이에 따라 '이라고¹, 이라고²'는 단일 조사라기보다는 복합 조사에 더 가깝다.

한편 복합 조사 '이라고¹'과 '이라고²'는 다음과 같은 차이점을 가지고 있다.

(48)‴ 가. 소년이 '야구장 가자' 소리를 질렀다.

　　　　나. *너 그 일을 못할 것이 무어냐?

　　　　다. *여기 어디 함부로 떠드느냐?

위의 예문에서는 격조사의 기능을 하는 '이라고[1]'의 생략이 (48가)‴처럼 가능하다. 반면 보조사의 기능을 하는 '이라고[2]'의 생략은 (48나, 다)‴처럼 불가능하다. 또한 보조사로 쓰일 때 "여기가 어디라고"에서는 주어가 가능하지만 격조사의 기능을 하는 '이라고[1]'에서는 불가능하다. 이와 같은 논의를 바탕으로 '이'계 보조사가 '이'계 격조사보다 '이다'의 서술성을 더 많이 유지하고 있다는 것을 알 수 있다. 즉 '이'계 격조사가 '이'계 보조사보다 더 문법화가 진행되었다고 볼 수 있다.

### [9] 이라고는

(49) 가. 힘<u>이라고는</u> 전혀 없는 목소리였다.

　　　나. 요즘 라디오에서 믿을 수 있는 거<u>라고는</u> 일기예보밖에 없다

　　　　　구요(이희자·이종희, 1998 : 253).

(49가)의 '이라고는'은 선행어 '힘'에 붙어 목소리에 '힘'이 없다는 것을 강조하고 있고, (49나)의 '이라고는'은 선행어 '믿을 수 있는 거'에 붙어 요즘 일기예보만 믿을 수 있다는 것을 강조하고 있다. 그리고 이때 '이라고는'과 호응하는 서술어는 주로 '없다, 아니다' 등 부정적인 의미를 나타내는 단어이다. 즉 '이라고는'의 분포 양상에 있어서 변화가 일어난 것이다. 이러한 '이라고는'이 '이라고'로 대체되면 다음과 같이 문장이 어색해진다.

(49)´ 가. 힘[\*이라고, ?은] 전혀 없는 목소리였다.

　　나. 요즘 라디오에서 믿을 수 있는 거[\*라고, ?는] 일기예보밖에
　　　　없다구요.

위에서 나타난 것처럼 '이라고는'이 '이라고'로 대체되면 비문이 된다.
그리고 이는 보조사 '는/은'으로 대체되어도 어색해 보인다. 즉 '이라고
는'은 이미 '이라고'와 '는'의 결합형에서 하나의 조사로 굳어진 것이다.
한편 '이라고는'의 직접 구성 성분의 분석은 조사 '이라고'와 조사 '는'
의 결합으로 볼 수 있다. 즉 '이라고는'은 형태소 분석이 가능한 복합 조
사라고 할 수 있다. 그리고 '이라고는'의 '이'는 '이라고'와 같은 것으로
'이다'의 '이'와 동질적이다. 따라서 이 책은 '이라고는'을 '이'계 활용형
에서 형성된 복합 조사로 본다.


## [10] 이라도

'이라도'는 대부분의 논의에서 조사로 보고 있다. 최현배(1937/1980),
신창순(1975), 성광수(1979), 홍사만(1983), 김승곤(1989) 등은 '이라도'를
보조사(특수조사, 도움토씨)로 보았고, 서태룡(1987 : 123)은 '이라도'를 후치
사로 보았다.

(50) 가. 너라도 빨리 와라.

　　나. 잠시 다방에라도 갑시다.

　　다. 교수라도 학교에는 들어갈 수 없습니다.

(이상 한용운, 2003 : 205)

(50)의 '라도'는 각각 대명사 '너', 조사 '에', 명사 '교수' 뒤에 분포하

고 있다. 이들이 모두 '이-'가 탈락한 채 모음으로 끝난 체언 뒤에 붙어 쓰인다는 점을 보면 복합 조사일 가능성이 있다. 이를 확인하기 위해 위의 예문을 다음과 같이 바꿔 보았다.

> (50)´ 가. *너이라도 빨리 와라.
> 나. *잠시 다방에이라도 갑시다.
> 다. 교수[이, 이시]라도 학교에는 들어갈 수 없습니다.

(50가, 나)´에서 보여 준 것처럼 '라도'와 모음으로 끝난 선행어 사이에는 '이-'가 개입될 수 없다. 이런 쓰임의 '라도'는 조사일 가능성이 크다. 그런데 (50다)´에서는 '라도' 앞의 '이-'가 개입될 수 있고, 선어말어미 '-시-'가 개입될 수도 있다. 이때의 '이-'는 분명히 '지정'의 서술어 기능을 하고 있다. 요컨대 이러한 '라도'는 복합 조사로 볼 수 없다. 그러면 (50가, 나)와 (50다)에서 쓰인 '라도'의 차이는 무엇일까?

(50가, 나)의 '라도'는 '그것이 결합한 어휘의 선택이 최선이 아니지만 양보하여 선택한 것'임을 나타낸다. 그런데 (50다)의 '라도'는 '통합한 대상의 상태나 행위를 인정하더라도 다른 경우와 마찬가지임'을 나타내고 있다.

이지양(1985)는 현대 한국어 '라도'에 '역동'의 의미를 갖는 형식과 '선택'의 의미를 갖는 형식의 두 유형이 있음을 지적하였다. 즉 '역동'의 의미를 갖는 '라도'는 '-라고 해도'의 융합형으로, '선택'의 의미를 갖는 '라도'는 어미 '-라'와 조사 '도'가 결합하여 조사화한 것으로 보았다.[26] 이 책에서는 '선택'이라는 의미보다 더 일반적으로 쓰인 '양보'를 사용하기로 한다. 즉 (50가, 나)의 '라도'는 '다른 사람이 빨리 안 와도 너는

---

26) 이지양(1985 : 311)에서는 '라도'를 어미 '-라'와 조사 '도'가 직접 결합한 형식이 조사화한 것으로 보고 있다.

빨리 와야 한다', '다른 곳에 안 가도 다방에는 잠시 가자'의 함의를 가져 '역동'으로 해석될 수 없다.

반면에 (50다)의 '라도'는 '교수는 학교에 들어갈 수 있다'가 전제되어 있으면서 '일반 사람은 물론 학교에 들어갈 수 없다'가 함의되어 있으므로 '교수를 포함한 일반 사람이 학교에 들어갈 수 없다'의 함의를 가져 '역동'의 의미로 해석된다. 즉 '양보'의 의미를 나타내는 '이라도'는 조사와 더 가깝다고 할 수 있고, '역동'의 의미를 나타내는 '이라도'는 '이-'의 활용형과 더 가깝다고 할 수 있다.

그리고 '이라도'의 '라도'는 '이다'의 어간에 직접 붙는 연결 어미 '-어도'의 이형태이다. 그렇다면 '이라도'의 '이'는 '이다'의 '이'와 동질적이다. 이에 따라 '이라도'는 공시적으로 모두 존재가 가능한 '이-'+'-라도'로 형태소 분석이 가능하다. 즉 '이라도'는 단일 조사가 아닌 복합 조사라고 할 수 있다.


### [11] 이라든가, 이라든지

> (51) 가. 학벌<u>이라든가</u> 조건<u>이라든가</u> 하는 것은 배우자 선택의 제일차 기준은 아니다.
> 나. 시<u>라든지</u> 소설<u>이라든지</u> 문학에 관계된 책은 뭐든 읽고 싶다.
>
> (이상 『표준』)

위 예문에서 '이라든가, 이라든지'는 모두 체언에 붙어 쓰인다. 이들이 과연 복합 조사인지 아니면 그대로 '이'계 활용형인지를 확인하기 위해 (51)을 다음과 같이 바꿔 보았다.

(51)′ 가. *?학벌<u>이었다든가</u> 조건<u>이었다든가</u> 하는 것은 배우자 선택
　　　의 제일차 기준은 아니다.

　　나. *?시<u>이라든지</u> 소설<u>이라든지</u> 문학에 관계된 책은 뭐든 읽고
　　　싶다.

　　다. *?시<u>이었다든지</u> 소설<u>이었든지</u> 문학에 관계된 책은 뭐든 읽
　　　었다.

　위의 예문에서 '이라든가, 이라든지' 사이에 선어말어미 '-었-의 개입
은 모두 허용되기 어려운 모습으로 나타난다. 즉 이들은 '이'계 활용형
이 아니라 조사일 가능성이 크다. 다음으로 문장에서 이들의 자리의 통
용을 살펴본다.

(52) 가. 전무<u>라든지</u> 이사<u>라든지</u> 책임자만 오면 된다.

　　나. 전무<u>라든지</u> 이사<u>라든지</u> 책임자를 만나고 싶다.

　(52)의 '이라든지'는 각각 문장의 주어, 목적어 자리에 위치하고 있다.
즉 '이라든지'와 결합하여 쓰인 것은 보조사처럼 문장에서 한 가지 성분
만 담당하는 것이 아니라 여러 자리에서 여러 문장 성분을 담당할 수 있
다. '이라든가'의 용법도 이와 같은 양상으로 나타난다. 요컨대 '이라든
가, 이라든지'는 그 사이에 선어말어미의 개입이 불가능하고, 자리의 통
용은 가능하므로 이들은 조사와 가깝다고 할 수 있다.

　그리고 (52가)와 같은 문장은 '(그 사람이) 전무라든지…'처럼 변경될
수 있다. 이때의 '그 사람이'가 '이다'의 논항으로 강력하게 요구되지 않
지만 어느 정도 약하게 상정할 수 있다는 것이다. 즉 '이라든가, 이라든
지'의 '이'는 아직 서술성이 잔존하고 있다고 본다. 또한 (51)에서 쓰인
'이라든가, 이라든지'는 선행어와 결합하여 선행어가 어느 것이나 선택

되어도 상관없는 사물들을 열거함을 나타낸다. 이러한 의미는 활용어미 '-든가, -든지'의 선행어 가운데에서 어느 것이 선택되어도 가리지 않다는 의미와 유연성을 보인다. 그리고 '이라든가, 이라든지'의 '라'는 역시 '이다'의 어간에 직접 붙는 '다'의 이형태인 것이다.[27]

이러한 내용을 바탕으로 이 책에서는 '이라든가, 이라든지'가 각각 '이-+-라+-든가', '이-+-라+-든지'로 형태소 분석이 가능하다고 보기로 한다. 따라서 '이라든가, 이라든지'는 모두 복합 조사라고 할 수 있다.

### [12] 이라면

'이라면'은 많은 경우에 '이라 하면'에서 융합에 의해 생겨난 형식으로, 반사실적인 가정인 경우에만 쓰인다. 최동주(1999 : 56)에서는 '이라면'이 대부분의 논의에서 보조사로 간주되지 않았으나, 모음으로 끝난 표현 뒤에서 '이'의 탈락이 필수적인 것으로 판단된다고 하였다.

> (53) 가. 그 일을 맡은 사람이 철수[였다면, *라면] 해낼 수 없었을 거야.
> 나. 철수<u>라면</u> 해낼 수 없었을 거야(최동주, 1999 : 56).

(53가)는 과거의 상황을 반대로 가정한 접속문으로 선행절에 반드시 '-었-'이 출현해야 함을 보인 것이다. 반면 (53나)에서는 '-었-'이 없는 '철수라면'이 가능함을 알 수 있다. 즉 (53나)의 '철수라면'이 절로 분석될 수 없음을 의미한다. 따라서 여기에서 '이라면'은 하나의 조사로 굳

---

27) 엄밀히 말하면 여기서 '라'가 '다'의 이형태라는 것이 공시적으로 이들을 분석할 수 있는 강력한 증거는 못 된다고 할 수 있다. 이 책에서는 다만 '이라든가, 이라든지'의 '이', 지정사 '이'와, '라'는 종결어미 '다'와 '든가, 든지'는 연결 어미 '-든가, -든지'와 형태소적 동일성을 유지한다고 본다.

어진 것으로 보인다.

(54) 가. 철수라면 올 텐데.
　　나. 라면이라면 먹었을 거야.
　　다. 사랑하는 사람에게라면 물론 편지 쓰는 게 즐겁지.
　　라. 앉아서라면 끝까지 보겠는데, 너무 불편해서 가야겠다.

(최동주, 1999 : 56-57)

(54가, 나)는 각각 주어와 목적어의 뒤에 '이라면'이 쓰인 문장이고, (54다, 라)는 조사구와 술어의 활용형 뒤에 쓰인 문장이다. 이처럼 이때의 '이라면'은 문장의 여러 자리에 통용할 수 있으므로 연결 어미보다는 보조사와 더 가깝다고 볼 수 있다.

그리고 (54)에서 쓰인 보조사 '이라면'은 주로 어떤 사실을 가정하여 조건으로 삼는 의미를 나타낸다. 이러한 의미는 연결 어미 '-면'의 가정이나 조건 의미와 밀접한 관련성을 보인다. 즉 '이라면'의 '면'은 연결 어미 '-면'과 동질적이라고 볼 수 있다. 또한 '이라면'의 '라'는 '이다'의 어간에 직접 붙는 연결 어미 '-어'의 이형태이다. 따라서 '이라면'은 앞에서 논의한 '이라든가, 이라든지'처럼 형태소 분석이 가능하다는 것이다. 그렇다면 '이라면'은 단일 조사라기보다는 복합 조사로 보는 것이 더 낫다.

이상에서 논의한 대로 '이라면'은 '이'계 활용형으로 쓰이기도 하지만 일부는 이미 '이'계 활용형에서 문법화 과정을 통해 복합 조사로 형성되기도 한다. 다시 말하면 '이라면'이라는 형식은 '이'계 활용형에서 복합 조사로 문법화되는 과도 단계에 있는 것이다.

## [13] 이라서

(55) 가. 뉘라서 앞으로 일어날 일을 안단 말이오.

나. 비가 온 뒤라서 하늘이 더 맑았다.

다. 수학 선생님이라서 암산이 아주 빠르시다(한용운, 2003 : 208).

(55)의 '이라서'는 모두 체언 뒤에 분포하고 있다. 이들이 복합 조사인지를 확인하기 위해 다음과 같이 문장을 바꿔 보았다.

(55)´ 가. ?뉘시라서 앞으로 일어날 일을 안단 말이오.

나. 비가 온 뒤이라서 하늘이 더 맑았다.

다. 수학 선생님이시라서 암산이 아주 빠르시다.

(55가)´에서 약간 어색하지만 '라서'의 바로 앞에 선어말어미 '-시-'의 개입은 가능해 보인다. 그리고 '당신'이라는 주어를 상정하면 '당신이 뉘-'는 절이 될 수 있다. 그렇다면 뒤에 통합된 '라서'는 선행절을 후행절에 연결하는 어미로 볼 수 있다. (55나, 다)´의 '라서'도 지정사 '이-' 뒤에 분포할 수 있고, 선어말어미 '-시-' 뒤에 분포할 수도 있으므로 조사로 볼 수 없다. 따라서 이러한 '이라서'는 여전히 '이'계 활용형의 용법을 유지한다고 보아야 한다.

## [14] 이라야

(56) 가. 감사라야 주주의 질문에 답할 수 있을 것이다.

나. 은행에서라야 통장을 만들 수 있습니다.

다. 신호등이 초록색이라야 건널 수 있다(한용운, 2003 : 209).

(56가, 나)는 각각 '라야'가 모음으로 끝난 체언 '감사', 조사 '에서' 뒤에 결합하여 쓰인 문장이다. 이들은 '라야'가 '선행 성분이 후행 서술의 필수 조건'임의 의미를 갖는 조사로 알려진 예이다. (56다)의 '이라야'는 자음으로 끝난 명사 뒤에 분포하여 '선행 언어 표현이 후행 언어 표현의 조건임'을 나타내는 연결 어미처럼 쓰인다.

(57) 총회에 참석한 사람이 감사님<u>이시라야</u> 주주의 질문에 답할 수 있을 것이다.

(57)은 (56가)의 '감사' 앞에 주어를 보충하고 '라야' 앞에 선어말어미 '-시-'를 삽입시킨 문장이다. 이때 '라야'의 의미는 (56가)의 '라야'의 의미와 동일하다. 다만 그 선행 성분이 명사구냐 절이냐의 차이가 있을 뿐이다. 따라서 위의 '라야'는 동일한 범주로 설정되어야 한다. (57)의 '라야'는 '총회에 참석한 사람이 감사님이-'라는 절을 후행 서술에 연결하는 기능을 하고 있다. 그리고 '라야'는 선행절 전체를 지배영역으로 하고 있고, 앞에 '이'가 분포할 수도 있으므로 조사가 아닌 활용형의 용법을 가진다고 본다.

(58) ?은행에서<u>이라야</u> 통장을 만들 수 있습니다.

(58)의 '라야'는 바로 앞에 '이-'의 개입이 부자연스러워 보인다. 한용운(2003 : 209-210)에서는 (58)처럼 '라야'가 조사 뒤에서 분포하는 제약은 지정사 '이-'의 선택 제약 때문으로 볼 수 있을 듯하다.[28] 요컨대 '이라

---

[28] 지정사 '이-'가 조사 '에' 뒤에 분포하지 못하는 구체적인 이유를 알 수 없다. 이현희(1994 : 81)는 중세국어에서 조사 뒤에 '이-'가 분포할 수 없었다고 보았는데, 그렇다면 현대 한국어의 조사 뒤에 '이-'의 분포가 부자연스러운 것도 이와 관련이 있을 듯하다.

야'는 현대 한국어에서 아직도 활용어미의 형식으로 존재하고 있다고 보아야 한다.

### [15] 이란¹, 이란²

허웅(1995), 이원근(1996), 엄정호(1997), 장미(1999), 이정훈(2005),[29] 이규호(2007) 등에서는 모두 '이란'을 보조사로 보았다.

> (59) 가. 언어란 의사소통의 도구이다.
> 나. 그는 안개란 소설을 썼다(장미, 1999 : 18).

(59)의 '이란¹'은 모두 명사에 붙어 쓰인다. 이들이 활용형인지 복합 조사인지를 확인하기 위해 예문 (59)를 다음과 같이 바꿔 보았다.

> (59)´ 가. *언어이란 의사소통의 도구이다.
> 나. *그는 안개이란 소설을 썼다.

> (59)´´ 가. *언어이었단 의사소통의 도구이다.
> 나. *그는 안개이었단 소설을 썼다.

이상의 예문에서 실현된 것처럼 모음으로 끝난 선행어와 '란' 사이에는 '이'가 개입될 수 없고, 선어말어미 '-었-'의 개입도 허용되지 않는다. 모음으로 끝난 체언 뒤에 '이'가 필수적으로 탈락되므로 '이란¹'은 하나의

---

29) 이정훈(2005 : 151-152)에서 허웅(1995 : 1420)과 같은 관점으로 '이란'을 보조사로 보고 있다. 하지만 이 논의에서는 '이란'이 활용형인 경우에는 '-이라 하는, -이라 한' 정도의 관형형으로 해석되므로 '이란'을 보조사와 활용형의 두 가지로 분석할 수 없다고 하고 있다.

조사로 볼 수 있다.

한편 '이란²'는 다음과 같이 동일한 명사구에 붙어 쓰인다.

> (60) 온 나라 안의 금이란 금은 죄다 거두고, 온 나라 안의 금 다루는
> 기술자란 기술자는 죄다 불러 모았다(이규호, 2006 : 188).

위의 예문에서 쓰인 '이란²'는 동일 명사를 반복함으로써 '강조'의 효과를 높이고 있다. 이때의 '이란²'도 (59)에서 쓰인 '이란¹'과 같은 것으로 분리될 수도 없고, 다른 요소가 개입될 수 없으므로 조사로 볼 수 있는 것이다. 한편 '이란²'의 용법은 앞에서 논의하였던 '이라는²'의 용법을 같은 것으로 보인다. 따라서 이 책은 '이란²'를 '이라는²'의 준말로 보고 별도로 논의하지 않기로 한다.

한편 허웅(1995 : 1420)에서는 '이란'을 '라고 하는 것은'으로 해석하고 있다. 예를 들어 (59가)의 '이란¹'은 '언어라고 하는 것은…'와 같은 것으로 해석이 가능하다는 것이다. 그렇다면 이때의 '이란¹'은 '이라 하는'과 같은 것으로 해석이 불가능하다. 즉 '이란¹'은 기원 형식인 '라고 하는'으로 환원되지 않는다는 것이다. 다시 말하면 현대 한국어에서 '이란¹'과 기원 형식 사이에는 유연성을 보이지 않는다. 이를 바탕으로 '이란¹'은 형태소 분석이 어려우므로 복합 조사보다 단일 조사와 더 가깝다.

## [16] 이랴

『표준』에서 '이랴'는 접속 조사로 설정되어 있지만 '랴'는 어미로 설정되어 있다. 다음 예문을 통해 '이랴'의 용법을 다시 확인해 보자.

(61) 가. 김 검사는 이거<u>랴</u> 저거<u>랴</u> 따지지 않고 닥치는 대로 자신에게
　　　맡겨진 업무를 처리했다.
　　나. 그는 서울<u>이랴</u> 대구<u>랴</u> 오르내리며 매우 바쁘다.

(61)´ 가. 김 검사는 이거<u>이랴</u> 저거<u>이랴</u> 따지지 않고 닥치는 대로 자신
　　　에게 맡겨진 업무를 처리했다.
　　나. 그는 서울<u>이랴</u> 대구<u>이랴</u> 오르내리며 매우 바쁘다.

(61)″ 가. ?김 검사는 이거<u>이었으랴</u> 저거<u>이었으랴</u> 따지지 않고 닥치는
　　　대로 자신 에게 맡겨진 업무를 처리했다.
　　나. ?사과<u>이었으랴</u> 배<u>이었으랴</u> 과일을 많이 장만하였다.

(61)의 '이랴'는 체언인 선행어에 연결되어 쓰이므로 조사처럼 보인다. 하지만 (61)´에서 '랴' 앞에 '이'의 출현이 가능한 것으로 보인다. 이때 '이'의 탈락은 수의적이다. 그리고 (61)″에서는 '이'와 '랴' 사이에 선어말어미 '-었-'이 개입되면서 문장이 어색해진다. 이는 다음 예문과 같이 어미로서의 '-랴'에서 원인을 찾을 수 있다.

(62) 가. 우리 어머니는 회사 일 하<u>랴</u> 집안일 하<u>랴</u> 정신없이 바쁘시다.
　　나. 우리 어머니는 회사 일 하시<u>랴</u> 집안일 하시<u>랴</u> 정신없이 바쁘시다.
　　다. *우리 어머니는 회사 일 하였<u>으랴</u> 집안일 하였<u>으랴</u> 정신없이
　　　바쁘시다.

(62)는 연결 어미로서의 '-랴'가 쓰인 문장이다. 연결 어미로 쓰일 때 '-랴'와 용언의 어간 사이에는 (62나)처럼 선어말어미 '-시-'의 개입은 허용되지만 (62다)처럼 선어말어미 '-었-'의 개입은 허용되지 않는다. 따라서 '이'와 '-랴'의 결합 형식인 '이랴'도 (62)에서 쓰인 것처럼 선어

말어미 '-었-'과 공기할 수 없다. 따라서 '이랴'는 조사보다 '이'계 활용형과 더 가깝다고 본다.

## [17] 인가, 인지

엄정호(1997), 이규호(2003, 2006, 2007)에서 '인가, 인지'를 보조사로 처리하고 있다. 한편 허웅(1995), 장미(1999)에서는 '인가'를 활용형과 보조사 두 가지의 쓰임으로 처리하고 있다. 이원근(1996)에서는 '인가'를 보조사로, '인지'를 접속 조사로 보고 있다. 다음으로 '인가, 인지'의 문법 범주에 대해 다시 알아보기로 한다.

(63) 가. <u>어머닌가</u> <u>아버진가</u> 제 지갑에 5만 원을 넣어 주셨다.
　　가′. <u>어머니인가</u> <u>아버지인가</u> 제 지갑에 5만 원을 넣어 주셨다.
　　나. 그는 서울<u>인가</u> 부산<u>인가</u>에 가고 없고, 아이들만 남아 있다.
(이규호, 2006 : 223)

(64) 가. 박 선생<u>인지</u> 이 선생<u>인지</u> 교원 대표로 회의에 참석하였다.
　　나. 그 나무가 복숭아나무<u>인지</u> 배나무<u>인지</u> 궁금하다.

(63), (64)는 각각 '인가', '인지'가 체언과 결합하여 두 번 나타난 문장이다. 이때 '인가, 인지'에서 '이'의 탈락은 (63가′)처럼 수의적으로 나타난다. 이는 이들이 '이'계의 활용형일 가능성이 높다. '인가, 인지' 사이에 선어말어미의 개입 가능성을 확인하기 위해 예문 (63), (64)를 다음과 같이 바꿔 보았다.

(65) 가. *어머니<u>이었는가</u> 아버지<u>이었는가</u> 제 지갑에 5만 원을 넣어 주셨다.

나. *박 선생<u>이었는지</u> 이 선생<u>이었는지</u> 교원 대표로 회의에 참석
   하였다.

(65)´ 가. *어머니<u>이신가</u> 아버지<u>이신가</u> 제 지갑에 5만 원을 넣어 주셨다.

   나. *박 선생<u>이신지</u> 이 선생<u>이신지</u> 교원 대표로 회의에 참석하
      였다.

위 예문에서 실현된 것처럼 '인가, 인지' 사이에 선어말어미 '-었-',
'-시-'의 개입은 모두 불가능하다. 즉 이때의 '인가, 인지'는 '이'의 활
용형이라고 할 수 없다. 이들은 이미 문법화 과정을 해서 조사의 용법을
가지게 된다. 다만 '이'의 탈락이 수의적인 것은 '인가, 인지'가 '이'계
활용형에서 복합 조사로 완전히 이루어지지 않고 아직 과정 중에 있다
는 것을 알 수 있다.

한편 다음 예문의 '인가, 인지'는 앞에서 논의한 것과 다른 용법을 보
여준다.

(66) 가. [누군가, 누군지] 그 사람을 군인으로 착각했어.
   나. [어디선가, 어디선지] 만나 본 듯한 얼굴이다.

(66)´ 가. [?누구인가, ?누구인지] 그 사람을 군인으로 착각했어.
   나. [?어디서인가, ?어디서인지] 만나 본 듯한 얼굴이다.

(66)″ 가. [*누구이었는가, *누구이었는지] 그 사람을 군인으로 착각했어.
   나. [*어디서이었는가, *어디서이었는지] 만나 본 듯한 얼굴이다.

(66)은 '인가, 인지'가 모두 한 번만 나타난 문장이다. 이때 '인가, 인
지'의 선행어는 모두 부정(不定)적인 의미를 나타나는 체언이다. 이런 상

황에서 쓰인 '인가, 인지'의 '이'는 (66)´처럼 약간 어색하지만 모음으로 끝
난 말 뒤에서는 탈락되지 않아도 된다. 한편 (66)″처럼 이때 '인가, 인지'
사이에는 아무런 선어말어미의 개입도 허용되지 않는다. 또한 (66가, 나)는
각각 '인가, 인지'가 주어, 부사어 자리에 연결되어 쓰인 예문이다. 즉
이때의 '인가, 인지'는 자리에 통용성을 갖고 있다. 위에서 논의하였듯이
이러한 용법을 갖고 있는 '인가, 인지'는 보조사로 볼 수 있다.

한편 '인가'는 문장에서 한 번만 실현될 때 (66)과 같은 부정어인 선
행어뿐만 아니라 일반적인 명사(구)와도 결합하여 쓰인다.

> (67) 가. 내가 그걸 책상 위인가에 두었어.
> 　　　나. 그거 살 때 내가 아마 1,500원인가 줬을 거야.

(67가, 나)의 '인가'는 문장에서 한 번만 실현되어 있지만 각각 일반명
사 '책상 위', '1,500원'과 결합하여 쓰이고 있다. 이때 '인가'에서 '이'
의 탈락은 (67가)처럼 수의적이다. 한편 (67가)의 '인가'는 문장의 부사
어 자리에 있고, (67나)의 '인가'는 문장의 목적어 자리에 있다. 즉 '인
가'는 문장에서 자리의 통용을 갖고 있다. 또한 이러한 '인가'는 다음과
같이 선어말어미의 개입이 허용되지 않는다.

> (67)´ 가. *내가 그걸 책상 위이었는가에 두었어.
> 　　　 나. *그거 살 때 내가 아마 1,500원이었는가 줬을 거야.

(67)´에서는 '인가' 사이에 과거를 나타내는 선어말어미 '-었-'이 개
입하자 문장이 더 이상 성립하지 않는다. 즉 '인가'는 활용형이 아닌 조
사일 가능성이 크다.

한편 (66), (67)에서 쓰인 보조사 '인가, 인지'는 모두 선행어에 대해

확실하지 않음을 나타낸다. '인가, 인지'의 이러한 의미는 활용어미 '-ㄴ 가, -ㄴ지'가 가진 추측의 의미와 유연성을 보인다. 즉 보조사 '인가, 인 지'는 공시적 형태소의 목록에 모두 존재하는 '이-'+'-ㄴ가, -ㄴ지'로 형태소 분석이 가능하다. 이때의 '이-'는 지정사 '이다'와 동질적이다. 그렇다면 '인가, 인지'는 복합 조사라고 할 수 있는 것이다.

### [18] 인들, 이런들

채완(1993 : 79-82)에서는 모음으로 끝난 형식 뒤에서의 '이'의 탈락이 필수적이 아니며, 선어말어미 '-었-'을 개입시킬 수 있다는 점 등을 근거 로 하여 '인들'을 보조사에서 제외하였다. 그러나 다음 예문에서 '-었-'의 개입은 불가능한 것으로 보인다.

> (68) 가. 미리 [*알았은들, *안들] 그런 일을 피할 수 있었겠니?
> 나. 미리 알았던들 그런 일을 피할 수 있었겠니?

(68가)는 과거의 상황에 대해 말할 때 '-었은들'이나 '-은들'의 실현은 불가능하다. 최동주(1999 : 52)에서는 '-었은들'이 불가능한 것은 '-(으)ㄴ'로 시작하는 어미의 앞에 '-았/었-'이 오는 경우 반드시 '-느-'가 통합된다는 점을 고려해서(잡았는데, 잡았는지, 잡았는가) 당연한 현상이라고 하였다. 한편 (68나)에서 '-았던들-'의 실현은 허용된다. 즉 선어말어미 '-었-'과 공기 하지 못하는 것은 '인들'이 조사이기 때문은 아니라는 것이다.

> (69) 가. 나도 그 일을 못 했는데, 너들 할 수 있었겠어?
> 나. 그 사람도 틀림없이 올 거야. 철수같이 사람 만나기 좋아하는 애가 그 사람인들 초대하지 않았겠니?

　　다. 꿈엔들 잊겠는가?

　(69가, 나)는 각각 주어와 목적어의 뒤에 쓰인 문장이고, (69다)는 조사구 뒤에 '인들'이 쓰인 문장이다. 이처럼 한 문장에서 여러 자리의 통용성을 가진 '인들'은 보조사로 보아도 문제가 없어 보인다. 한편 '인들'은 다른 조사와 달리 모음으로 끝난 형식 뒤에서도 '이'가 유지되는 경우가 흔히 있다. 최동주(1999 : 53)에서는 '인들'의 'ㄴ'이 기원상 동명사 어미였기 때문인 것으로 보인다고 하였다.[30]

　한편 (69가, 나, 라)의 '인들' 사이에 선어말어미의 개입은 다음 예문처럼 가능하다.

　　(69)´ 가. 나도 그 일을 못했는데, 너였던들 할 수 있었겠어?
　　　　　 나. 그 사람도 틀림없이 올거야. 철수같이 사람 만나기 좋아하는
　　　　　　　 애가 그사람이었 던들 초대하지 않았겠니?

　엄정호(1997 : 97)에서도 위의 예들이 가능하다고 보았는데, 다만 부사어에 '인들'이 붙을 경우에는 이러한 어미 개입이 불가능하므로 이 경우에는 보조사로 볼 수 있다고 하였다. 한편 이렇게 보조사로 쓰인 '인들'은 주로 '-라고 할지라도'의 뜻을 나타낸다. 이러한 의미는 활용어미 '-ㄴ들'의 '양보' 의미와 밀접한 관련성을 가지고 있다. 즉 보조사로 쓰인 '인들'은 공시적으로 존재하는 형태소 '이-'+'-ㄴ들'로 분석이 가능하다. 이에 따라 보조사 '인들'은 동시에 복합 조사라고 할 수도 있다.

---

30) 최동주(1999 : 46 각주6)에서는 모음으로 끝나는 낱말 뒤에 쓰일 때에도 관형사형 어미 '-ㄴ,
　　-ㄹ'이나 명사형 어미 '-ㅁ' 등의 앞에서는 '이'가 탈락하지 않고 하고 있다. 이에 대해
　　서는 남기심·고영근(1985/1993 : 100), 서정목(1993 : 490-493), 이승재(1994 : 23-24) 등
　　을 참고하기 바란다.

이상에서 논의하였듯이 '인들'은 선어말어미의 개입이 가능하다는 점에서 활용형처럼 보이지만 부사와의 결합 양상이나 자리의 통용성을 가진다는 점에서 복합 조사와 가깝다고 할 수 있다. 즉 '인들'은 이미 복합 조사의 용법을 가지고 있음에도 아직 완전히 복합 조사로 굳어지지 않는 문법화 과정에 있다고 볼 수 있다.

한편 많은 경우에서 복합 보조사 '인들'이 쓰인 자리에 '이런들'도 실현될 수 있다.

(70) 아무리 좋은 말[인들, 이런들] 실천하지 않으면 무엇하랴?

(70)에서 '인들'과 '이런들'은 서로 교체되어 쓰일 수 있다. 이규호 (2007 : 132)에서는 '이런들'이 '인들'보다는 좀더 예스러운 표현이라고 할 수 있다고 하였다. 그러나 위의 예문은 다음과 같이 바뀔 수도 있다.

(70)´ 가. 아무리 좋은 말이었던들…
　　　나. 아무리 좋은 말이지만 실천하지 않으면 무엇하랴?

(70가)´에서 '이런들' 사이에 선어말어미 '-었-'의 개입은 가능한 것으로 나타난다. 그리고 (70나)´처럼 '런들'의 자리에 연결 어미 '-지만'이 대체될 수 있다. 즉 '이런들'은 복합 조사의 용법보다 지정사 '이다'의 활용형의 용법과 더 가깝다.


### [19] 일랑, 일랑은

'일랑'은 구어체에서 주로 사용되며 쓰임도 극히 제한되어 있다.

(71) 가. <u>널랑</u> 가서 공부하여라(엄정호, 1997 : 94).

　　나. 담배<u>일랑</u> 다시는 피우지 마라.

　　다. 그런 말씀<u>일랑</u> 꺼내지도 마십시오.

　(71)은 '일랑'이 체언인 선행어에 결합하여 쓰인 예문이다. 이들 중에서 모음으로 끝난 선행어와 결합하여 쓰일 때 '일랑'의 '이'가 (71가)에서는 탈락되지만 (71나)에서는 그대로 쓰인다. 이와 관련하여 한용운(2003 : 217)에서는 '르랑'의 '르'이 음절 단위가 아니기 때문에 모음으로 끝난 체언 뒤에 '르랑'의 결합보다 '일랑'의 결합은 더 자연스럽다고 하였다. 다시 말하면 음절 단위가 아니어서 '르랑'의 '르'은 선행 체언의 음절말 모음에 결합될 때 선행 체언의 형식에도 변화를 주게 되어 선행 체언의 존재가 잘 드러나지 않<u>으므로</u> 모음으로 끝난 체언 뒤에도 '르랑'보다는 '일랑'이 분포한다는 것이다.

　(71)´ 가. *너<u>이었을랑</u> 가서 공부하여라.

　　나. *담배<u>이었을랑</u> 다시는 피우지 마라.

　　다. *그런 말씀<u>이실랑</u> 꺼내지도 마십시오.

　(72) 할머니 댁에서 며칠 보내<u>고설랑</u> 또 고모 댁으로 가야지(『표준』).

　(71가, 나)´와 (71다)´에서 드러난 것처럼 '일랑' 사이에 선어말어미 '-었-', '-시-'의 개입은 모두 불가능하다. 여기서 '이'는 지정사의 기능이 매우 약하다고 할 수 있다. 그리고 (71가, 나)의 '일랑'은 각각 문장의 주어와 목적어에 결합하여 쓰이고 있고, (72)의 '일랑'은 어미 '-고서'에 결합하여 쓰인다. 이들은 모두 보조사의 통사적 특성을 드러낸다. 즉 '일랑'은 보조사의 용법을 가지게 된 것이다.

한편 보조사로 쓰인 '일랑'의 형태소 분석이 가능한지는 문제가 된다. 현대 한국어에서 어미 '-ㄹ랑'이나 '-을랑'은 존재하지 않는다. 즉 보조사 '일랑'의 '이'가 지정사 '이다'와 동질적인 것으로 인정하더라도 '인들'을 '이-'+'-ㄹ랑/-을랑'으로 분석하기 어렵다는 것이다. 따라서 이 책에서는 '일랑'을 단일 조사로 보기로 한다.[31)]

'일랑은'은 '일랑'에 보조사 '은'이 결합하여 '일랑'보다 더 강한 느낌을 주는 말이다. '일랑은'은 '일랑'과 같은 분포 양상과 통사적 특성을 갖고 있다. 그리고 '일랑은'의 '은'은 생략되어도 '일랑'의 용법에 대해 아무 영향을 주지 않는다. 따라서 이 책은 '일랑은'을 단순 '일랑'과 '은'의 연속 형식으로 보기로 한다.

### [20] 이기로서니

(73) 가. 철없는 아이<u>기로서니</u> 이토록 부모의 속을 썩일까?

(이원근, 1996 : 113)

가´. 철없는 아이<u>이기로서니</u> 이토록 부모의 속을 썩일까?

나. 혈기왕성한 청년<u>이었기로서니</u> 객기가 분수에 넘쳤던 게지요.

(73)의 '이기로서니'는 체언 뒤에 연결되어 쓰이고 있다. (73가)와 (73가´)는 모두 성립한 것은 '이기로서니'에서 '이'의 탈락이 수의적인 것임을 말해준다. 그리고 (73나)에 나타난 것처럼 '이'와 '기로서니' 사이에 선어

---

31) 한용운(2001 : 208)에서 '일랑'은 현대 한국어의 'ㄹ랑/일랑'은 지정사(원고에서 '이다'를 '계사'라고 부르고 있다.) 어간 '이-'에 어미 '-ㄹ랑'이 결합되어 조사화한 것이 아니라고 하였다. 왜냐하면 'ㄹ랑/일랑'의 기원 형식은 15세기의 조사 '-으란/란'으로 상정할 수 있는데, '으란/란'은 '을란, 으랑, 랑, ㄹ란' 등의 변이형으로 실현되기도 하다가 19세기 무렵에 '을랑'으로 단일화되는 것으로 보이고, 그 이후 20세기에 이르러 '을랑'은 '일랑'으로 다시 형식의 변화를 입는 것으로 볼 수 있기 때문이라고 하였다.

말어미 '-었-'이 개입될 수 있다. 또한 이런 용법을 갖는 '이기로서니'는 항상 부사어의 기능만 할 뿐이다. 이런 특성을 통하여 '이기로서니'는 조사보다 활용형의 용법이 더 많이 드러난다는 것임을 확인할 수 있다.

[21] 이네, 입네

(74) 가. 반값 아파트네 임대 아파트네 부동산 정책이 쏟아졌다.
　　나. 짝퉁 가방을 놓고 진짜네 가짜네로 떠들썩했다.
　　다. 금입네 옥입네 온갖 보물을 사 모았다.
(이상 이규호, 2007 : 122-126)

위 예문에서 '이네, 입네'는 모두 체언에 붙어 쓰인다. 이규호(2007 : 122-126)에서는 이러한 '이네, 입네'가 지정사의 활용형에서 통합 환경의 변화가 일어나 명사구를 나열하는 접속 조사로 변화한 것으로 주장하고 있다. 이렇게 쓰인 '이네, 입네'가 과연 복합 조사인지를 확인하기 위해서 위의 예문을 약간 바꿔서 다음과 같이 제시한다.

(74)′ 가. 반값 아파트이네 임대 아파트이네 부동산 정책이 쏟아졌다.
　　나. 짝퉁 가방을 놓고 진짜였네 가짜였네로 떠들썩했다.
　　다. 지식인이십네 평론가이십네 온갖 학자들이 다 모였다.

(74가)′에서 모음으로 끝난 '아파트'에 연결될 때 '이네'의 '이'가 수의적으로 실현된다. 그리고 (74나, 다)′에서 보여준 것처럼 '이네, 입네' 사이에 선어말어미 '-었-'이나 '-시-'의 개입은 가능한 것으로 나타난다. 즉 '이네, 입네'는 조사라고 하기 보다는 그대로 '이다'의 활용형으로 보는 것이 낫다.

[22] 이랍시고

(75) 구면이랍시고 녀석이 반색을 하곤 꾸벅 허리까지 숙였다.

(이희자·이종희, 1999 : 274)

'-랍시고'는 '이다, 아니다'의 어간과만 통합하는 연결 어미들이다. 한편 이규호(2003 : 229)에서는 위의 예문에서 쓰인 '이랍시고'를 복합 조사로보고 있다. 그러나 이때의 '이랍시고'는 다음과 같이 선어말어미 '-었-'의개입이 허용된 것으로 보인다.

(75)′ 구면<u>이었답시고</u> 녀석이 반색을 하곤 꾸벅 허리까지 숙였다.

이처럼 '이랍시고' 사이에 선어말어미 '-었-'이 개입되어도 (75)′와같이 문장은 여전히 성립한다. 즉 (75)에서 쓰인 '이랍시고'는 '이다'의활용형으로 보는 것이 더 낫다.

[23] 이러니, 일러니

'이러니, 일러니'에서 '-ㄹ러니'는 짐작의 뜻을 나타내는 연결 어미들이고, '-러니'는 과거 사실과는 다름의 뜻을 나타내는 연결 어미들이다.

(76) 가. 보기에는 범상한 사람<u>일러니</u> 겪어 보니 비범한 인재더라.
     나. 호남의 천석꾼<u>이러니</u> 이렇게 망할 수가 있나?

(이상 『표준』)

이규호(2003 : 228)에서는 위의 예문에서 쓰인 '일러니, 이러니'가 모두 조사로 재분석된다고 하였다. 그러나 위의 예문은 다음과 같이 바뀔 수 있다.

(76)´ 가. 보기에는 비범한 인재<u>일러니</u> 겪어 보니 범상한 사람이더라.

　　　나. 호남의 천석꾼<u>이었더니</u> 이렇게 망할 수가 있나?

위의 예문에서 '일러니', '이러니' 사이에 각각 선어말어미 '-시-', '-었-'이 개입될 수 있다. 즉 이들은 아직도 지정사 어간에 연결 어미가 결합하여 쓰인 것이다. 그리고 『표준』에서도 이 두 예문을 모두 '이-'에 연결 어미 '-ㄹ러니', '-러니'가 결합한 용법으로 제시하고 있다. 또한 이러한 용법의 '일러니, 이러니'의 '이'는 모두 탈락될 수 없는 상태로 사용된다. 따라서 이 책도 마찬가지로 이들을 모두 '이다'의 활용형으로 보기로 한다.

## [24] 이면서, 이자

(77) 가. 우리 이모는 대학원생<u>이면서</u> 소설가이다.

　　　나. 그는 시인<u>이자</u> 교수이다.

위 예문에서 '이면서', '이자'는 선행 체언에 붙어 조사처럼 쓰인다. 이들의 정체를 확인하기 위해 (77)을 다음과 같이 바꿔 보았다.

(77)´ 가. 우리 이모는 소설가<u>이면서</u> 대학원생이다.

　　　나. 그는 교수<u>이자</u> 시인이다.

(77)″ 가. 우리 이모는 소설가<u>이시면서</u> 대학원생이세요.

(77)´의 '이면서', '이자'는 모음으로 끝난 체언에 연결되어도 '이'가 그대로 쓰여 있다. 즉 이때 '이면서', '이자'의 '이'의 탈락은 수의적이다.

그리고 (77가)″에서는 '이면서' 사이에 선어말어미 '-시-'의 삽입이 허용된 것으로 나타난다. 그리고 (77)에서 쓰인 '이면서', '이자'가 나타내는 의미, 그리고 다른 문장 성분과의 결합 관계는 모두 연결 어미로 쓰인 '-면서', '-자'와 같다고 본다. 따라서 이러한 상황에서 쓰인 '이면서', '이자'는 지정사 '이-'에 연결 어미가 붙어 쓰인 것으로 보아도 무방하다.

### [25] 인즉, 인즉슨

'인즉'은 허웅(1995), 이규호(2003, 2006, 2007), 『표준』에서는 조사로 제시되어 있다.

(78) 가. 글쓴즉 명필인걸(장미, 1999 : 59).
　　　나. 할머니께서 하신 이야긴즉 지당하다.

(78)′ 가. 글씨인즉 명필인걸.
　　　 나. 할머니께서 하신 이야기인즉 지당하다.

(78)″ 가. *글씨이었은즉 명필이었다(장미, 1999 : 60).
　　　 나. 할머니께서 하신 이야기이신즉 지당하다.

　장미(1999 : 59)에서는 (78가)를 보조사 '인즉'이 쓰인 예문으로 제시하고 있다. 하지만 (78가)를 (78가)′과 같이 'ㄴ즉'을 '인즉'으로 바꿔도 문장의 성립에는 아무 지장이 없다. 하지만 (78)′에서 '인즉'의 '이'는 모음으로 끝난 말 뒤에 수의적으로 실현된다. 또한 (78나)″에서 '인즉' 사이에 선어말어미 '-시-'가 개입될 수 있다.[32] 이런 쓰임은 이때의 '인즉'

이 조사가 아니라 활용형인 것을 알려준다. 이 책은 이처럼 용언의 활용 특성을 보여주는 '인즉'을 '이'계 활용형으로 보기로 한다.

그리고 대부분의 사전과 논저에서 '인즉슨'은 '인즉'을 강조하여 이르는 말로 풀이하고 있다. 뿐만 아니라 '인즉슨'과 '인즉'의 분포 양상이나 다른 통사적 특성이 완전히 일치하므로 이 책에서는 이를 역시 '이'계 복합 조사로 볼 수 없다고 본다.

## [26] 일망정, 일지언정, 일지라도

이들과 관련된 '-ㄹ망정, -ㄹ지언정, -ㄹ지라도'는 양보의 뜻을 갖는 연결 어미들이다. 이규호(2007)에서는 이들을 복합 조사로 보았다.

> (79) 가. 키는 작은 분[일망정, 일지언정] 힘은 세다.
>      나. 다 진 경기<u>일지라도</u> 끝까지 최선을 다해야 한다.
>
> (이규호, 2003 : 228)

(79)의 '일망정, 일지언정', '일지라도'는 모두 체언인 선행어에 연결되어 있으므로 꼭 조사처럼 쓰인다. 하지만 (79나)의 '일지라도'는 모음으로 끝난 체언과 결합하여 쓰여도 '이'의 탈락은 수의적으로 나타낸다. 그리고 (79)는 다음과 같이 바꿀 수도 있다.

> (79)´ 가. 키는 작은 분[이실망정, 이실지언정] 힘은 세다.
>        나. 다 진 경기<u>였을지라도</u> 끝까지 최선을 다했다.

---

32) (78가)´의 '인즉' 사이에 선어말어미 '-었-'이 개입될 수 없는 것은 '인즉'에서의 'ㄴ즉'에 있다. '-ㄴ즉'은 주로 모음이나 'ㄹ'로 끝나는 용언, '이다'의 어간 또는 선어말 어미 '-으시-'의 뒤에 붙어 쓰이며 선어말어미 '-었-'과 결합하여 쓰이지 않는다.

(79가)´의 '일망정, 일지언정'은 그 사이에 선어말어미 '-시-'의 삽입이 허용된다. 그리고 (79나)´의 '일지라도'는 그 사이에 선어말어미 '-었-'의 삽입이 허용된다. 또한 이렇게 쓰인 '일망정, 일지언정', '일지라도'와 연결 어미 '-ㄹ망정, -ㄹ지언정, -ㄹ지라도' 사이에 통사적 결합 관계나 의미의 차이를 보이지 않는다. 따라서 이 책은 '일망정, 일지언정, 일지라도'를 모두 '이'계 활용형으로 본다.

### [27] 일수록, 일진대

(80) 가. 어린아이<u>일수록</u> 단백질이 많이 필요하다(『표준』).
　　　나. 이웃<u>일진대</u> 서로 돕고 사는 것은 당연한 일이다.

(이규호, 2003 : 228)

이규호(2003 : 229)에서는 위 예문의 '일수록, 일진대'가 '체언＋조사'로 재분석될 수 있으므로 '이'계 활용형 조사로 볼 수 있다고 주장하였다. 그러나 위 예문의 '어린아이'를 '어른'으로 바꿔 주면 '어른이실수록 단백질이 많이 필요하다'와 같은 문장이 여전히 성립한다. 즉 '일수록' 사이에 선어말어미 '-시-'의 개입은 가능하다. 마찬가지로 위 예문의 '일진대'도 그 사이에 선어말어미의 개입은 가능하다. 그리고 이때의 '이'는 모두 탈락될 수 없는 것으로 판단된다. 따라서 이 책에서는 '일수록, 일진대'를 모두 '이다'의 활용형으로 보기로 한다.

### 3.3.4. 동사의 활용형과 복합 조사의 구별

현대 한국어의 조사 가운데는 동사 어간에 어미가 결합된 형식이 문법화를 통해 조사로 형성된 것도 있다. 이 책에서 논의된 복합 조사 중에서도 이러한 형식은 많다. 그런데 많은 경우에 이러한 동사의 활용형에서 형성된 복합 조사는 동사의 활용형과 형태상으로 동일하기 때문에 이들을 구분하기는 어렵다. 그러나 이들 동사의 활용형은 복합 조사로 형성되는 과정, 즉 문법화의 과정에서 형태적 양상, 통사적 특성, 의미 기능에서 변화가 일어난다. 이러한 변화를 통해 동사의 활용형이 복합 조사로 문법화되었는지의 여부를 확인할 수 있다.

한편 동사의 활용형은 '이'계 활용형과 같이 모두 활용형이므로 그것을 판별할 때와 복합 조사와의 판별 기준은 같다. 다만 '이'계 활용형과 복합 조사를 판별할 때 사용하는 음운론적인 기준인 '이'의 탈락 여부는 여기서 필요 없다. 그 이외의 형태론적, 통사론적, 의미론적 기준은 그대로 사용하기로 한다. 다음에서 이러한 기준을 가지고 동사의 활용형과 복합 조사 사이에 있는 경계 요소를 검증해 본다.

또한 앞에서 제시한 (8)의 '보고'와 '하고'가 조사인 것은 이미 주지의 사실이다. 그리고 이들의 의미는 여전히 활용형의 의미와 일정한 유연성을 가지고 있으므로 각각 공시적으로 존재하는 형태소 '보-+-고', '하-+-고'의 형식으로 분석이 가능하다. 이에 따라 '보고', '하고'는 복합 조사라고 할 수 있다.

그리고 '말고'와 '치고'의 문법 범주에 있어서는 학자에 따라 의견이 다르다. 따라서 이 책은 이들이 동사의 활용형에서 복합 조사로 형성되었는지를 다시 확인해 본다. 그리고 이들과 관련된 '말고는, 말고도'와

'치고는, 치고서'의 용법도 다시 확인해야 한다. 이외에 '하고는, 하고도, 하며'의 용법도 다시 확인해 보기로 한다.

### [1] 말고, 말고는, 말고도

현대 한국어의 '말고'는 동사의 활용형과 보조동사, 그리고 조사의 세 가지 용법이 있는 것으로 알려져 있다. 그중에서 조사로 쓰인 것은 다음과 같다.

> (81) 가. 영희말고 철수만 데려오너라(이영경, 1995 : 183).
>    나. 차에는 우리말고 세 사람이 더 타고 있었다(『고려대』).

(81)의 '말고'는 체언 뒤에 분포하여 '제외하고, 외에' 등의 의미를 나타내고 있다. 이렇게 쓰인 '말고'는 다음과 같은 문장으로 바꿀 수 있다.

> (81)´ 가. 영희말[-고, ?-(으)면, *-(으)니, *-아라, *-시-, *-았-]…
>    나. 영희는말고…

'말고' 사이에 다른 요소가 들어갈 수 있는지를 확인하기 위해 (81)을 (81)´과 같이 바꿔 보았다. (81가´)에서 '말-'은 선어말어미 '-시-, -었-'과 결합하여 쓰이지도 않고, 연결 어미 '-(으)니, -아라' 등과 결합하여 쓰이지도 않는다. 하지만 유난히 '-고'와 결합하여 쓰일 수 있다. 그리고 약간 어색하지만 '말-'과 어미 '-(으)면'의 결합도 가능한 것 같다.[33] 뿐

---

33) 한용운(2003 : 170)에서는 '저 말[-고, -(으)면, *-(으)니, *-아라, *-시-, *-았-]'과 같은 예문을 제시하면서 '말-' 뒤에 '-고' 이외에 어미 '-(으)면'도 분포할 수 있다고 하였다. 그리고 이러한 이유로 '말고'는 조사가 아니라 동사의 활용형으로 보았다.

만 아니라 (81나´)에서 체언 '영희'와 '말고' 사이에 보조사 '는'의 개입
은 가능하다. 다시 말하면 형태론적으로 선행어와 '말고' 사이에 다른
요소의 개입이 가능하기도 하고, '말-' 뒤에 '-고' 이외에 다른 어미가
올 수 있기도 하다. 이와 같은 쓰임을 가진 '말고'는 조사보다 활용형과
더 가깝다고 할 수 있다.

통사적인 측면에서 '말고'는 체언과 결합하여 명사구를 연결하는 기능
이나 명사구와 서술어를 관련지어 주는 기능을 하지 않는다. 뿐만 아니
라 '영희말고, 우리말고'는 문장에서 하나의 단위로 기능하지도 않는다.
이는 '말고'가 조사의 역할을 담당하지 않는다는 뜻이다.

또한 의미적인 측면에서 위의 '말고'는 '않다', '아니다'의 의미를 가
져 불완전동사 '말다'의 의미와 일치한다. 즉 의미론적으로도 '말고'는
동사 '말-'의 활용형에서 변화가 일어나지 않는다고 볼 수 있다.

요컨대 형태적, 통사적, 의미적 측면에서 '말고'가 조사라는 결정적인
증거는 보이지 않는다. 이와 관련하여 '말고는'이나 '말고도'는 동사의 활
용형에 보조사가 결합한 구성으로 이해하는 것이 낫다. 이영경(1995 : 184),
한용운(2003 : 170) 등에서는 (81)과 같은 용법을 가진 '말-'이 다른 동사
에 비하여 어미와의 결합에 제약이 크다고 하였다.[34] 이들 논의에 따르
면 동사 '말-'이 어미와의 결합에 제약이 있는 것은 동사 '말-'의 통사
적, 의미적 특징에 기인한 것이지, 조사화한 결과로 활용상에 제약이 생
긴 것이 아니다.

---

34) 이영경(1995 : 184)에서 '말-'은 '-고'형으로 고정되어 쓰인다든지 체언 뒤에 조사 없이
   접속된다든지 하는 통합에 있어서의 특성은 '말다'라는 동사의 統語上의 제약으로 보아
   야 할 것이라고 하였다.

### [2] 치고, 치고는, 치고서

이규호(2007 : 171)에서는 '치고'를 '보고'와 같이 동사의 활용형에서 조사화한 부사격 조사라고 하였다. 한용운(2003 : 177-178)에서는 '치고'를 부분적이지만 여전히 활용을 하기 때문에 조사로 볼 수 없다고 하였다. 그리고 『표준』과 『고려대』에서는 이를 모두 보조사로 보고 있다. 최동주(1997 : 211)에서는 '치고'를 후치사로 보고 있다.

> (82) 가. 여자치고 외모에 관심 없는 사람은 없다.
>      나. 값싼 물건치고 쓸 만하다.
>
> (이상 이영경, 1995 : 181)

(82)의 '치고'는 체언에 붙어 쓰인다. 여기서 '치-' 앞에 분포한 '여자', '물건'은 '치-'의 목적어가 아니다. 따라서 (82)의 '치-'는 타동사의 활용형으로 볼 수 없다. 다음으로 그 사이에 선어말어미나 다른 조사의 개입이 가능한지를 살펴본다.

> (83) 가. ?*연예계 여자치시고 외모에 관심 없는 사람은 없다.
>      나. *값싼 물건를치고 쓸 만하다.

(83가)에서 보여주었듯이 '치고' 사이에 선어말어미 '-시-'가 개입되면 문장이 더 이상 성립하지 않는다. 그리고 (83나)와 같이 '치고'는 선행 명사구와의 사이에 목적격 조사 '를'을 개입시키면 역시 문장이 성립하지 않게 된다. 즉 이때의 '치고'는 타동사의 용법을 나타내지 못한다. 요컨대 형태적 측면과 통사적 측면에서 '치고'는 조사의 용법을 많이 드러낸다.

한편 (83가)의 '치고'는 '그 전체가 예외 없이'의 뜻을 나타내고 있다. (83나)의 '치고'는 이와 반대로 '그중에서는 예외적으로'의 뜻을 나타내고 있다. 이러한 용법을 가진 '치고'는 어휘적 의미가 원래 타동사인 '치-'의 중심 의미인 '셈을 맞추'에 비하여 약해진다. 이는 문법화(복합 조사화)의 과정에 의해 '치고'의 의미가 은유적으로 변화가 일어나 기원 형식의 의미와 점차 멀어졌다고 본다. 그렇지만 (83가, 나)에서 쓰인 '치고'의 의미와 활용형 어미의 의미 사이에 아무런 관련성을 보이지 않을 정도로 변화가 일어난 것은 아니다. 다시 말하면 조사 '치고'는 여전히 공시적 형태소의 목록에 모두 존재하는 '치-'+'-고'로 형태소 분석이 가능하다.

또한 (83가)의 '치고'는 주로 의문문이나 부정적인 서술어가 쓰인 부정문에서 실현된다. 이는 이러한 상황의 '치고'가 통사적 결합 관계에서 이미 변화가 일어나 하나의 조사로 형성된다고 볼 수 있다.

이상에서 논의한 내용을 정리하자면 다음과 같다. 형태적으로 '치고'는 선어말어미의 개입이 허용되지 않는다. 그리고 의미적으로 '치고'는 활용형 '치고'의 의미와 유연성을 아직도 보이지만 은유라는 문법화 기제가 적용됨에 따라 일정한 변화가 일어난다. 또한 통사적으로 '치고'는 서술어와의 결합 양상에 있어서 변화가 일어난다. 이와 같은 논의를 바탕으로 이 책은 '치고'가 복합 조사와 가깝다고 본다.

한편 '치고는, 치고서'로 실현된 형태도 있다. 이는 단지 앞에서 논의하였던 (83가)의 '치고'를 강조하여 이르는 말로 볼 수 있다. '치고는, 치고서'의 '는, 서'를 떼어도 문장의 성립이나 의미 전달에 아무 영향을 주지 않으므로 이 책에서는 이들을 '치고'와 '는, 서'가 결합하여 실현된 습관 용법이나 연속 구성으로 보기로 한다.

### [3] 하고는, 하고도, 하며

동사 '하다'의 활용형과 같은 형식으로 가진 '하고, 하고는, 하고도, 하며'는 현대 한국어에서 흔히 조사로 쓰이는 것으로 보인다.

(84) 가. 철수<u>하고</u> 같이 집에 가자.
　　　나. 난 딸기<u>하고</u> 수박<u>하고</u> 바나나<u>하고</u> 가장 좋더라.
　　　다. 생김새<u>하며</u> 행동<u>하며</u> 그야말로 귀공자였다.

　　　　　　　　　　　　　　　　　　(이상 이영경, 1995 : 175)

(84가)의 '하고'는 체언에 붙어 쓰여 서로 함께 하는 대상임을 나타내는 경우이고, (84나, 다)의 '하고, 하며'는 사물을 열거 또는 나열하는 경우이다. 이들은 이른바 공동격 조사 '와/과'와의 대치가 가능하다. 한편 위 예문에서는 '하고, 하며'가 동사 '하다(爲)'의 원래적인 의미와 좀 멀어진 것으로 보인다. 이는 문법화의 과정에서 '하고, 하며'의 문법적 의미 기능이 강해짐에 따라 어휘적 의미 기능이 약해지기 때문이다.

(84)′ 가. *철수를[하고, 하며] 같이 집에 가자.
　　　　나. 난 딸기<u>하고</u> 수박<u>하고</u> 바나나하고가 가장 좋더라.
　　　　다. 생김새<u>하며</u> 행동<u>하며</u>가 그야말로 귀공자였다.35)

(84가)′에서 보듯이 '하고, 하며'는 앞의 체언과의 사이에 휴지가 있는 것 같지도 않고, 다른 조사도 개입되지 않는다. 그리고 (84나, 다)′처럼 이들 뒤에는 다른 조사를 자유롭게 취할 수도 있다. 즉 형태적으로 '하고, 하며'와

---

35) 이영경(1995 : 176)에서는 예문 (84다)′가 매우 어색하다고 비문 표지가 붙어 있다. 그러나 이 책에서는 이 예문이 그렇게 성립하기 어려운 것이 아니라고 생각해서 별표를 빼고 가져왔다.

선행어 사이는 분리할 수 없다. 그리고 통사적으로는 '하고, 하며' 앞에 목적격 조사를 취하지 못하고 체언과 직접 결합하여 쓰인다. 또한 '하며'는 활용형 '하며'와 밀접한 관련성을 가지므로 '하-'+'-며'로 형태소 분석이 가능하다. 따라서 '하며'도 '하고'처럼 복합 조사의 자격을 가질 수 있다.

다음으로 '하고는', '하고도'의 용법을 살펴본다.

(85) 가. 너하고는 안 간다.
　　 나. 난 싫어! 하고는 가 버리는 게 아닌가?
　　 다. 기집애, 성질머리하고는, 사고 한두 번 보는 것도 아니고.
　　　　　　　　　　　　　　　　　　 (이희자·이종희, 1998 : 299)
(85)´ 가. 네[하고, 와는] 안 간다.
　　 나. 난 싫어! 하고 가 버리는 게 아닌가?
　　 다. 기집애, 성질머리[*하고, *와는] 사고 한두 번 보는 것도 아니고.

(85가)의 '하고는'은 (85가)´처럼 '하고'나 '와는'으로 대체될 수 있고, (85나)의 '하고는' (85나)´처럼 '하고'로 대체될 수 있다. 즉 (85)의 '하고'는 분리될 수도 있고 다른 조사와 교체될 수도 있으므로 하나의 조사가 아니라 단순히 '하고'와 보조사 '는'이 결합하여 쓰인 것이다. 하지만 (85다)에서 쓰인 '하고는'은 이와 다르다. (85다)에서 선행어 '성질머리'에 '하고는'이 붙어 그것이 못마땅하다는 의미를 나타내고 있다. 이러한 '하고는'의 의미는 단순히 '하고'와 보조사 '는'의 결합으로 볼 수 없다. 그리고 이때의 '하고는' (85다)´와 같이 나눠서 쓰이거나 다른 조사로 대체되지 않는다. 따라서 (85다)의 '하고는'은 이미 '하고'와 '는'이 이어서 쓰인 연속 구성에서 하나의 조사로 굳어진 것이다.

'하고도'의 쓰임은 주로 다음과 같다.

(86) 가. 현석이는 물론이고 광수<u>하고도</u> 같이 놀면 안 돼.

　　 나. 사라는 백 년<u>하고도</u> 스물일곱 해를 살았다.

(86)´ 가. 현석이는 물론이고 광수[와도, 도] 같이 놀면 안 돼.

　　 나. 사라는 백 년[하고, *도] 스물일곱 해를 살았다.

　　 다. *?사라는 백 년<u>하고는</u> 스물일곱 해를 살았다.

　　 라. *오늘 공책<u>하고도</u> 샤프를 사왔다.

　(86가)의 '하고도'는 (86가)´처럼 '와도'나 '도'로 대체될 수 있다. 그리고 (86가)와 (86가)´ 사이에는 의미의 차이가 없는 것으로 볼 수 있다. 따라서 이때의 '하고도'는 공동격 조사 '하고'와 보조사 '도'의 연속 형식인 것이다.

　한편 (86나)의 '하고도'는 이와 다른 양상을 보인다. (86나)의 '하고도' 는 시간을 나타내는 명사 '백 년'과 '스물일곱'을 묶어서 첫 번째 접속항 의 수량에 두 번째 접속항의 수량을 더하는 기능을 한다. 하지만 이때의 '하고도'는 (86나)´처럼 '하고'로 대체될 수 있지만 '도'로 대체될 수 없 다. 즉 '하고도'와 '하고'처럼 명사구를 접속시켜주는 기능을 하므로 '하 고'와 대체될 수 있는 것이다. 한편 이때의 '하고도'는 (86다)´처럼 다른 조사로 대체될 수 없는 것으로 나타난다.

　또한 (86라)´에서 '공책'과 '샤프'를 접속시켜주는데 '하고도'가 실현 되지 못한 모습으로 나타난다. 이는 '하고도'와 결합하여 쓰인 선행어를 통해 설명할 수 있다. '하고도'는 (86가)처럼 조사의 연속 구성으로 쓰일 때 선행어에 대한 제약을 받지 않는다. 하지만 (86나)처럼 하나의 조사 로 쓰일 때 이와 결합하여 쓰인 선행어는 반드시 수량을 나타내는 수량 어나 나이, 날짜, 햇수 따위를 계산하거나 길이, 높이, 깊이 따위의 수치 를 계산하는 명사(구)인 것이다. 즉 '하고도'의 통사적 결합 양상에 변화 가 일어난 것이다. 이상에서 논의한 내용을 바탕으로 이 책은 '하고도' 를 '하고'+'도'로 형태소 분석이 가능한 복합 조사로 본다.

## 3.4. 복합 조사 목록의 제시

이상에서 현대 한국어 조사의 전체 목록을 제시하여 이를 바탕으로 문법화 이론을 적용하여 조사와 조사의 연속 구성, 단일 조사, '이'계 활용형, 동사의 활용형 등과 복합 조사의 판별 기준을 세워 이들 형식이 복합 조사인지 아닌지에 대하여 고찰하였다. 이처럼 여러 과정을 거쳐 이 책에서는 현대 한국어 복합 조사로 총 37개의 조사를 제시한다. 조사의 연속 구성, 단일 조사, '이'계 활용형, 동사의 활용형들과 복합 조사의 목록을 함께 살펴보면 다음과 같다.

〈표 1〉 복합 조사와 경계 요소의 검증 결과

| 구성 유형 | 항목 | 개수 |
|---|---|---|
| 조사의 연속 구성 | 에게서, 한테서, 설랑, 설랑은, 에설랑, 로서는, 로서도, 로서야, 로서의, 에를, 에야, 에의, 에는, 에도, 에라야, 에야말로, 에서라야, 에서야, 에서야말로, 에서처럼, 에게다, 에게다가, 한테다, 한테다가, 로다, 로다가, 에게로, 한테로, 게로, 께로, 이라야만, 에서부터, 일랑은, 치고는, 치고서 | 35 |
| 단일 조사 | 가, 게, 고, 곧, 과, 께, 는, 다, 도, 들, 로, 를, 만1, 만2, 뿐, 서1, 서2, 손, 아, 야, 에, 의, 같이, 그래, 그려, 까지, 께서, 께옵서, 깨나, 는커녕, 다가, 대로, 더러, 따라, 로써, 마는, 마다, 마따나, 마저, 만치, 만큼, 보다, 부터, 서껀, 새로에, 에게, 이란1, 이랑, 이야1, 이야2, 이야말로, 이여, 이시여, 이요, 일랑, 조차, 커녕, 토록, 처럼, 한테 | 60 |
| '이'계 활용형 | 이다1, 이면서, 이라1, 이라서, 이라야, 인즉, 인즉슨, 이랴, 이네, 입네, 이기로서니, 이니만치, 이니만큼, 이랍시고, 이러니, 일러니, 이런들, 이자, 인, 일지언정, 일망정, 일지라도, 일진대, 일수록 | 24 |
| 동사의 활용형 | 말고, 말고는, 말고도 | 3 |
| 복합 조사 | 만치도, 만큼도, 만큼은, 밖에, 보고, 에다가, 에서, 에로, 로서, 로부터, 이거나, 이든가, 이든지, 이고, 이냐, 이니, 이다2, 이며, 이나, 이나마, 이라고1, 이라고2, 이라고는, 이라는2, 이라도, 이라든가, 이라든지, 이라면, 이면, 인가, 인지, 인들, 치고, 하고, 하고는, 하고도, 하며 | 37 |

제4장

# 복합 조사의 분류

앞에서 현대 한국어의 표준어 조사 중에서 총 37개 항목을 복합 조사로 판정하였다. 이들은 모두 둘 이상의 형태소가 통시적인 문법화를 통해 형성된 것이다. 그리고 이들은 공시적으로 통사론에서는 하나의 조사로 쓰이지만 형태론에서는 형태소 분석이 가능하다. 이에 따라 공시적, 통시적인 관점에서 복합 조사를 분류할 수 있다. 공시적으로 분류할 때는 주로 이들 현대 한국어에서 쓰인 문법 기능과 구성 성분에 따른 것이고, 통시적으로 분류할 때는 주로 문법화 과정에서 이들이 처해 있는 위치, 즉 문법화 정도에 따른 것이다. 다음으로 이 책에서 선정된 37개의 복합 조사를 이와 같은 분류 방법을 적용하여 살펴보고자 한다.


## 4.1. 문법 기능에 따른 분류

한국어의 조사 체계는 대체로 문법 기능을 담당하는 격조사, 의미 기능을 담당하는 보조사로 구분된다. 그중에서 격조사는 체언이나 용언의 명사형 뒤에 붙어서 그 말이 다른 말에 대해 가지는 격을 나타내는 조사이고, 보조사는 체언이나 부사, 활용어미 따위에 붙어서 특별한 뜻을 더해 주는 조사이다. 격조사 중에서 공동격 '와/과'는 선행 체언과 후행 체언을 연결해 주는 기능을 하기도 하는데, 이렇게 체언을 병렬시키는 것이 격의 범주에 들지 않는다고 주장하는 학자들은 이것을 접속 조사라 하여 구분하기도 한다. 이와 같은 분류 기준을 복합 조사에 적용하면 복합 조사를 복합 격조사, 복합 접속 조사, 복합 보조사로 나눌 수 있다. 이희승(1955), 임홍빈·장소원(1995) 등은 이와 같은 삼분 체계의 분류 방법을 사용하고 있다.[1] 다음으로 각 부류에 속하는 항목을 살펴본다.

### 4.1.1. 복합 격조사

복합 격조사는 복합 조사 중에서 격조사의 기능을 담당하는 것이다. 임동훈(2004)에서 한국어 격조사를 통사·의미적 특성에 따라 '이/가, 을/를, 의'란 문법격 조사와 '에/에게, 에서, 으로/로'란 의미격 조사로 나뉘는데, 의미격 조사는 의미가 조화될 수 있는 범위에서 제한적으로 서로 결합할 수 있으며 문법격 조사는 서로 결합하지 못한다고 하였다. 이에 따르면 의미격 조사인 부사격 조사들끼리 서로 결합하여 문법화 과정을 거쳐 복합 격조사가 될 가능성이 크다. 실제 예를 통해 얻은 결과도 복합 격조사 중에서 가장 많은 것이 복합 부사격 조사이다.

---

1) 이들은 조사를 삼분체계로 파악하고 있는데 보조사 대신 특수조사라는 용어를 사용하였다. 그러나 이들이 사용하는 용어는 최현배(1937/1980), 김석득(1992), 허웅(1995) 등에서 사용하는 특수조사와 다르다. 최현배 등의 논의는 조사를 격조사, 보조사, 접속 조사, 특수조사로 사분하고 있다. 조사를 사분하는 체계에서 특수조사라는 용어는 체언이나 용언의 활용형, 부사 등에 자유롭게 결합하는 보조사와 구별하여 종결어미 뒤에만 올 수 있는 조사를 이른다.

현대 한국어 부사격 조사는 일반적으로 '처소격', '여격', '탈격', '향격', '도구격', '자격격', '공동격', '비교격', '인용격' 등으로 나뉜다. 다음과 같은 구체적인 예문을 통하여 이와 관련한 복합 격조사를 살펴본다.

(1) 가. 도시에서 사는 사람들은 전원생활을 동경한다(『고려대』).
　　나. 우리 중국어 선생님은 중국에서 오셨다.

(1가)의 '에서'는 처소인 '도시'에 연결되어 처소격을 나타내고 있고, (1나)의 '에서'도 처소인 '중국'에 연결되어 쓰이지만 이때의 '에서'는 '오다'의 출발점을 나타내는 탈격을 나타내고 있다. 이처럼 '에서'는 같은 형태인데도 불구하고 사용하는 환경에 따라 처소격을 나타내기도 하고 탈격을 나타내기도 한다.

(2) 가. 친구로부터 소식이 왔다(김동식, 1996 : 125).
　　나. 세계는 계속 이른바 세속화에로 줄달음쳐 왔다.
　　　　　　　　　　　　　　　　(이희자·이종희, 1998 : 196)

(2가)의 '로부터'는 유정명사 '친구'에 연결되어 소식이 '오다'의 출처를 나타내는 탈격조사이다. 한편 (2나)의 '에로'는 이와 반대로 추상명사 '세속화'에 연결되어 세계가 향한 목표를 나타내고 있다. 즉 이때의 '에로'는 추상적인 의미를 나타내지만 여전히 부사격 중에서 이른바 '향격'을 나타낸다.

(3) 가. 이번 일은 그의 말로서 시작되었다.
　　나. 소비자로서 불편한 점이 있다면 말씀해 주십시오.
　　　　　　　　　　　　　　　　(이상 『고려대』)

(3가)의 '로서'는 선행어 '말'에 붙어 이번 일의 시작된 출발점을 나타내고 있다. 즉 이때의 '로서'는 부사격 조사 중의 '탈격'을 나타낸 것이다. 한편 (3나)의 '로서'는 유정명사인 선행어에 붙어 신분이나 자격을 나타내고 있다. 즉 이때의 '로서'는 부사격 조사 중에서 '자격격'을 나타낸 것이다.

> (4) 가. 우리는 그 상처 위<u>에다가</u> 먹다 남은 소주를 부었다.
> 나. 언니는 엄마 구두를 자기 것<u>이라고</u> 생각하였다.
> 다. 누구<u>보고</u> 하는 소리야?
> 다´. 누구<u>에게</u> 하는 소리야?
> 라. 벚꽃은 복숭아꽃<u>하고</u> 비슷하다.

(4가)의 '에다가'는 선행어 '상처 위'에 연결되어 일정한 장소나 위치를 나타내고 있다. 이런 용법의 '에다가'는 처격을 나타내는 복합 격조사이다. 이를 '에다가¹'로 표기하기로 한다. (4나)의 '이라고'는 선행절 '엄마 구두를 자기 것'에 연결되어 인용을 나타내는 복합 격조사이다. 그리고 이때의 '이라고'는 바로 '이라고¹'이다. (4다)의 '보고'는 선행어 '누구'에 연결되어 말한다는 행위가 미치는 대상을 나타내고 있는데, 이는 (4다´)에서 쓰인 여격조사 '에게'와 같은 용법이다. 즉 이때의 '보고'는 여격을 나타내는 복합 격조사이다. (4라)의 '하고'는 선행어 '복숭아꽃'에 연결되어 '벚꽃'과 비교되는 대상을 나타내고 있다. 즉 이때의 '하고'는 비교격을 나타내는 복합 격조사이다. 이를 접속 조사의 '하고'와 구별하기 위해 '하고²'로 표기하기로 한다.

이상에서 복합 격조사에 대하여 살펴보았다. 의미 기능에 따라 이들을 정리하자면 '처소격'을 나타내는 복합 격조사는 '에서, 에다가¹'이 있고

'탈격'을 나타내는 복합 격조사는 '에서, 로부터, 로서'가 있고, '향격'을 나타내는 복합 격조사는 '에로'가 있고, '자격격'을 나타내는 복합 격조사는 '로서'가 있고, '인용격'을 나타내는 복합 격조사는 '이라고[1]'이 있고, '여격'을 나타내는 복합 격조사는 '보고'가 있고, '비교격'을 나타내는 복합 격조사는 '하고[2]'가 있다.

## 4.1.2. 복합 접속 조사

전통적으로 접속 조사는 '와'와 '과', '(이)랑', '하고'와 같이 단어와 단어를 같은 자격으로 이어주는 기능을 하는 조사이다. 임홍빈·장소원 (1995 : 157-158)에서는 접속 조사를 '둘 또는 그 이상의 체언을 같은 자격으로 이어주는 기능을 하는 조사'라고 부르고 있다. 그리고 허웅(1995 : 1352)에서는 접속 조사를 '둘 이상의 말토막을 이어서, 그 전체가 바로 풀이말에 이끌릴 수 있는 성분이 될 수 있도록 하는 토씨'라고 정의하고 있다. 이 논의에서는 정의와 부합하는 문법형태소를 모두 접속 조사에 넣고 있어 접속 조사가 언급된 개론서들 가운데 가장 많은 수의 접속 조사 목록을 설정하고 있다.[2]

이 책은 기존 논의를 바탕으로 여러 개의 체언을 이어 하나의 문장 성분이 되게 하는 조사를 접속 조사라고 본다. 이에 따라 접속 조사가 되려면 최소한 세 가지 조건을 충족하여야 한다. 첫째, 선행어는 두 개

---

2) 허웅(1995 : 1352-1382)에서는 접속 조사의 목록으로 '의, 과/와, 하고…하고/하구…하구, 하며…하며, 이고…(이고)/이구…(이구), 이니…(이니), 이며…(이며), 이라든가…(이라든가), 이라든지…(이라든지), 이야…이야, 이요…이요, 이랑…이랑, 이랴…이랴, 에…, 이든(지)… 이든(지), 이거나/이건…이거나/이건, 이든가…이든가, 인가…인가, 인지…인지'를 제시하고 있다.

이상이어야 한다. 둘째, 접속된 명사구는 하나의 문장 성분이 되어야 한
다. 셋째, 서술어와 직접적인 지배 관계가 없어야 한다.[3] 다음에서 이와
같은 기준으로 복합 조사 중에서 접속 조사의 역할을 하는 것들을 찾아
내도록 하겠다.

한편 접속 조사를 연결 어미처럼 대등접속과 종속접속으로 구분한다
면 학교문법에서 관형격 조사로 다루는 '의'까지 접속 조사의 범주로 끌
어들이게 될 수 있으므로 이 책은 대등접속을 하는 복합 접속 조사만을
대상으로 삼기로 한다.

(5) 가. 걸어서거나 달려서거나 제시간에만 오너라.
　　나. 그것은 돈이나 물질로써 이루어지는 것은 아닙니다.

(이희자·이종희, 1998 : 235)

　　다. 소주를 마신다든가 맥주를 마신다든가 뭐 마셔야 한다.
　　라. 그는 착한 사람에게서든지 악한 사람에게서든지 모두 배울 점
　　　　이 있다고 생각한다.

(5가)의 '거나'는 선행어 '걸어서'와 '달려서'를 연결하여 두 선행어를
같은 자격으로 만들고 나서 다시 서술어 '오다'와 결합하여 쓰인다. (5나)
의 '이나'는 '돈', '물질'에 붙어 두 체언을 같은 자격으로 만들고 나서

---

3) 이정화(1997 : 72)에서 현대 한국어 접속 조사의 특성을 다음과 같이 제시하고 있다.
　　가. 나열을 통한 명사구 확장에 사용할 수 있다.
　　나. 명사구뿐만 아니라 경우에 따라 부사구의 접속에도 사용할 수 있다.
　　다. 서술어와 직접적인 지배 관계가 없다.
　　라. 구조격을 나타내는 격조사와 격표지로 사용된 보조사에 선행한다.
　　마. 접속 조사끼리는 결합하지 못한다.
　　바. 접속의 관계어미에 따른 일정한 생략유형을 보인다.
　　사. 동질적인 항목을 연결한다.
　　아. 접속 조사의 사용은 자매항을 전제한다.
　　자. 동일 층위에 나타나는 자매항목들의 관계를 가시적으로 보여준다.

다시 서술어 '이루어지다'와 결합하여 쓰인다. (5다)의 '이든가'는 선행어 '소주를 마신다'와 '맥주를 마신다'를 같은 자격으로 만들고 나서 다시 서술어 '마시다'와 결합하여 쓰인다. (5라)의 '이든지'는 선행어 '착한 사람에게서'와 '악한 사람에게서'를 같은 자격으로 만들고 나서 다시 서술어 '배우다'와 결합하여 쓰인다. 즉 이때 이들 조사는 모두 두 개의 선행어에 결합하여 이들을 같은 자격으로 만들고 나서 다시 문장의 서술어와 공기한다. 또한 (5)에서 이들은 모두 선행어에서 어느 하나를 선택한다는 것을 나타낸다. 즉 이들은 모두 '선택'을 나타내는 복합 접속 조사이다.

> (6) 가. 객차의 창이라는 창은 모두 완전 밀폐 상태였다.[4)]
>  나. 김 과장은 사업의 계획이면 계획, 추진이면 추진. 거칠 것이 전
>  혀 없는 사람이었다(『표준』).

(6가)의 '이라는'은 동일한 명사 '창'과 결합하여 이를 강조하고 있고, (6나)의 '이면'은 동일한 명사 '계획'과 결합하여 이를 강조하고 있다. 이 둘은 모두 같은 명사에 연결하여 하나의 명사구를 만들고 나서 다시 서술어와 결합하여 쓰인다. 즉 이들은 모두 선행 체언의 '강조' 효과를 높이는 복합 접속 조사이다.

> (7) 가. 왜 동물원의 호랑이라든가 사자를 보면 그렇게 무섭다는 생각
>  이 들지는 않지 않소?(이희자·이종희, 1998 : 258)
>  나. 개라든지 소라든지 모두 짐승이다(허웅, 1995 : 1370).

---

4) 이 예문은 원래 『연세대』에서 '객차의 창이란 창은 모두 완전 밀폐 상태였다'로 제시되어 있는 문장이다.

(7가)의 '이라든가'는 체언 '호랑이'와 '사자'에 결합하여 이들을 하나의 명사구를 만들고 나서 다시 서술어 '보다'와 결합하여 쓰인다. (7나)의 '이라든지'는 체언 '개'와 '소'에 결합하여 짐승인 대상을 보여주고 있다. 이 둘은 모두 '제시'를 나타내는 복합 조사이다. 그리고 다음 예문의 '인가, 인지'도 이와 같은 용법을 가지고 있다.

(8) 가. 그는 서울인가 부산인가에 가고 없고, 아이들만 남아 있다.
　　　나. 행인지 불행인지 나는 근 30년 동안 소설을 써 왔다.
　　　　　　　　　　　　　　　　　　　　(이희자·이종희, 1999 : 43)

(8가)의 '인가'는 선행어 '서울', '부산'과 결합하여 그가 가는 장소를 제시하고 있고, (8나)의 '인지'는 선행어 '행', '불행'과 결합하여 나의 근 30년의 상황을 보여주고 있다. 이런 문장을 통해 '인가, 인지'는 앞 예문에서 쓰인 '이라든가, 이라든지'와 같이 모두 체언인 선행어에 연결하여 그 명사들을 예시로 보여주는 복합 접속 조사이다. 이런 용법의 '인가, 인지'를 각각 '인가², 인지²'로 표기하기로 한다.

(9) 가. 부장이고 사장이고 모두 그 신입사원을 칭찬했다(『문법2』).
　　　나. 그는 책이니 신문이니 마구 찢었다(허웅, 1995 : 1368).
　　　다. 연습이다 레슨이다 시간이 하나도 없다.
　　　라. 그림이며 조각이며 미술품으로 가득 찬 화실(이상 『표준』)

(9가)의 '이고'는 선행어 '부장'과 '사장'에 결합하여 두 체언을 같은 자격으로 만들고 나서 다시 서술어 '칭찬하다'와 결합하여 쓰인다. 이때의 '이고'를 '이고¹'로 표기하기로 한다. (9나)의 '이니'는 선행어 '책'과 '신문'에 결합하여 두 명사를 같은 자격으로 만들고 나서 다시 서술어

'찢다'와 결합하여 쓰인다. (9다)의 '이다²'는 선행어 '연습'과 '레슨'에
붙어 두 명사를 같은 층위에 만들고 나서 다시 서술어와 결합하여 쓰인
다. (9라)의 '이며'는 선행어 '그림'과 '조각'에 붙어 두 명사를 같은 위
치에 만들고 나서 다시 서술어와 결합하여 쓰인다. 즉, 위의 예문에서
쓰인 '이고¹, 이니, 이다², 이며'는 선행 체언을 연결하여 나열해 주는 기
능을 하는 복합 접속 조사이다. 그리고 이와 같은 쓰임을 가지고 있는
복합 접속 조사는 다음 예문에서 쓰인 '하고, 하며'가 더 있다.

> (10) 가. 넌 칫솔하고 비누하고 가져오면 돼.
>    나. 시골집에서 보내온 소포에는 쌀하며 과일하며 온갖 먹을 것
>      들이 가득했다.

(10가)의 '하고'는 선행어 '칫솔'과 '비누'에 결합하여 두 명사를 같은
자격으로 만들고 나서 다시 서술어 '가져오다'와 결합하여 쓰인다. 이런
용법을 나타내는 '하고'는 '하고¹'로 표기하기로 한다. (10나)의 '하며'는
선행어 '쌀'과 '과일'에 결합하여 두 명사를 같은 자격으로 만들고 나서
다시 서술어 '칭찬하다'와 결합하여 쓰인다. 이처럼 '하며'와 '하고'는
체언에 연결하여 그 명사들을 이어주고 있다. 이러한 용법을 가지고 있
다는 것은 '하고¹, 하며'도 '나열'을 나타내는 복합 접속 조사임을 알려
준다.

다음으로 '에다가'와 '하고도'의 용법을 살펴본다.

> (11) 가. 그녀는 과로에다가 영양실조까지 겹쳐 쓰러지고 말았다.
>
>                                              (『고려대』)
>    나. 오늘은 2월하고도 22일 목요일이다(이규호, 2007 : 173).

(11가)의 '에다가'는 선행 체언 '과로'에 붙어 후행 체언 '영양실조'를 더해 주는 것을 나타내고 있고, (11나)의 '하고도'는 선행 체언 '2월'에 붙어 후행 체언 '22일'을 더 해 주는 것을 나타내고 있다. 이들은 모두 선행 체언에 결합하여 후행 체언을 더 첨가해 준다는 의미를 나타내는 복합 접속 조사이다. 이때의 '에다가'를 '에다가²'로 표기하기로 한다.

(12) 콜라냐 사이다냐 한 가지만 마셔라.

(12)에서 '냐'는 선행어 '콜라'와 '사이다'를 같은 자격으로 만들고 나서 다시 서술어 '마시다'와 결합하여 쓰인다. 즉 이런 용법을 나타내는 '이냐'도 복합 접속 조사이다.

이상에서 복합 접속 조사를 기술하였다. 그 내용을 정리하자면 복합 접속 조사는 '선택'을 나타내는 '이거나¹, 이든가¹, 이든지¹, '이나¹'이 있고, '강조'를 나타내는 '이라는', '이면'이 있고, '예시'를 나타내는 '이라든가, 이라든가', '인가¹, 인지¹'이 있고, '나열'을 나타내는 '이고¹, 이니, 이다², 이며', '하고¹, 하며'가 있고, '첨가'를 나타내는 '에다가²', '하고도'가 있고, '대조'를 나타내는 '이냐'가 있다.

### 4.1.3. 복합 보조사

일반적으로 보조사는 주로 '는', '만', '도'와 같이 체언이나 부사, 활용어미 따위에 붙어서 특별한 뜻을 더해 주는 조사이다. 이 책에서 논의 대상으로 삼고 있는 복합 보조사도 이와 같은 기능을 한다.

(13) 가. 내 생각은 <u>요만치도</u> 안 하는 너에게 내가 정이 가겠느냐?

　　 나. 그는 털끝<u>만큼도</u> 양보하려 하지 않는다(이상 『고려대』).

　　 다. 부모님에게<u>만큼은</u> 잘해 드리고 싶었는데!(『표준』)

(13가)의 '만치도'는 선행어 '요'와 결합하여 '나'를 '생각'해 주는 정도를 나타내고 있고, (13나)의 '만큼도'는 선행어 '털끝'과 결합하여 '그'가 '양보'하려는 정도를 나타내고 있다. 이 둘은 모두 매우 작은 대상을 가리키는 명사(구)에 붙어 비교의 대상보다 낮은 정도를 나타내는 복합 보조사이다. (13다)의 '만큼은'은 선행요소 '부모님에게'와 결합하여 이를 강조하는 의미를 나타내는 복합 보조사이다.

(14) 우리 동네는 눈<u>이라고는</u> 조금도 내리지 않았다(『고려대』).

(14)의 '이라고는'은 선행어 '눈'과 결합하여 전혀 내리지 않았다는 것을 강조하고 있다. 이처럼 '이라고는'은 선행어와 결합하여 그 체언을 지정하여 강조해 주는 복합 보조사이다.

(15) 가. 밥이 없으면 라면<u>이라도</u> 주세요(『표준』).

　　 나. 꿈<u>엔들</u> 잊겠는가?(최동주, 1999 : 53)

(15가)의 '이라도'는 선행어와 결합하여 밥이 없으면 라면을 주어도 괜찮다고 하는 것을 나타내고 있고, (15나)의 '인들'은 선행어와 결합하여 꿈에서라도 잊지 않겠다는 것을 나타내고 있다. 이 둘은 모두 체언에 붙어 '양보'를 나타내는 복합 보조사이다.

(16) 가. 배고픈데 국수<u>나</u> 먹자(한용운, 2008 : 309).

　　 나. 작은 것<u>이나마</u> 받아 주십시오.

(16가)의 '나'는 선행어에 붙어 첫 번째의 선택은 아니지만 배고픈 상태에서 '국수'를 선택하게 된 것을 나타내고 있고, (16나)의 '이나마'는 '작은 것'에 붙어 큰 것이 아니더라도 받아 달라고 하는 것을 나타내고 있다. 이 둘은 모두 제일의 선택이 아닌 것을 나타내는 복합 보조사이다.5) 이때의 '이나'는 '이나²'로 표기하기로 한다.

(17) 가. 어떤 사람<u>이거나</u> 다 필요하다.
　　 나. 누구<u>든가</u> 한 사람은 가야 한다.
　　 다. 그 말을 들으면 누구<u>든지</u> 그를 동정하게 된다(허웅, 1995 : 1440).

(17가)의 '이거나'는 부정적(不定的) 선행어 '어떤 사람'에 붙어 필요한 대상이 확실하지 않다는 것을 나타내고 있고, (17나)의 '든가'는 부정어 '누구'에 붙어 가야 하는 대상이 확실하지 않다는 것을 나타내고 있고, (17다)의 '든지'는 부정어 '누구'에 붙어 그 말을 듣는 사람이 확실하지 않다는 것을 나타내고 있다. 이런 용법의 '이거나, 이든가, 이든지'를 각각 '이거나², 이든가², 이든지²'로 표기하기로 한다.

(18) 나는 방학이 시작되면 어디<u>고</u> 가 볼 생각이다(『고려대』).

(19) 가. <u>누군가</u>가 가만히 그 뒤를 따르고 있다(허웅, 1995 : 1479).
　　 나. <u>누군지</u>가 그 사람을 때렸다고 해서 야단이 났다(엄정호, 1997 : 93).

(18)의 '고'는 부정어에 붙어 갈 목적지가 확실하지 않다는 것을 나타

---

5) 유경화(LIU QINGHUA)(2011 : 32)에서는 화자가 어떤 선택을 할 때 주관적이거나 객관적인 기준이 머릿속에 이미 존재하는데, 복합 보조사 '이나마'는 이런 기준에 미치지 못하여 화자에게 '마음에 차지 않는 감정'을 나타내므로 부정어와 공기하지 못한다고 하였다.

내고 있다. 그리고 (19가, 나)의 '인가, 인지'는 부정어 '누구'에 붙어 그 뒤를 따르고 있는 사람, 그 사람을 때린 사람이 확실하지 않다는 것을 나타내고 있다. 이런 용법을 나타내는 '이고', '인가, 인지'를 각각 '이고²', '인가², 인지²'로 표기하기로 한다. 여기서 '이고²', '인가², 인지²'와 '이거나²', '이든가², 이든지²'는 모두 부정적(不定的)인 체언에 붙어 선행어에 해당하는 것이 '불확실함'을 나타내는 복합 보조사이다.

(20) 가. 경수는 공부<u>밖에</u> 모르는 얌전한 학생이었다.
　　　나. 그녀는 검사<u>치고</u> 꽤 겸손한 사람입니다.
　　　다. 의사 선생님<u>이라고</u> 병에 걸리지 않는 것은 아니다.
　　　라. 그런 사람<u>이라면</u> 조금 전에 저 건물로 들어갔어요.
　　　마. 성질머리<u>하고는</u>, 그걸 이해해 주지 못하다니.

(이상 『고려대』)

(20가)의 '밖에'는 선행어 '공부'에 붙어 '공부 이외에'의 뜻을 나타내고 있다. (20나)의 '치고'는 선행어 '검사'에 붙어 '검사를 기준으로 생각하면 그중에서는 예외적으로'의 뜻을 나타내고 있다. (20다)의 '이라고²'는 선행어에 붙어 선생님도 일반 사람과 다르지 않다는 것을 나타내고 있다. (20라)의 '이라면'은 선행어에 붙어 그런 사람이라는 조건을 나타내고 있다. (20마)의 '하고는'은 선행어에 결합하여 성질머리에 대하여 마음에 들지 않는 것을 강조하여 나타내고 있다. 위 예문에서 쓰인 이런 단어들은 모두 체언에 붙어 의미 기능을 더해 주는 복합 보조사이다.

이상에서 복합 보조사에 대하여 기술하였다. 그 내용을 정리하자면 다음과 같다. 복합 보조사는 주로 '비교'를 나타내는 '만치도, 만큼도, 만큼은'이 있고, '강조'를 나타내는 '이라고는'이 있고, '양보'를 나타내는 '이라도'와 '인들'이 있고, '선택'을 나타내는 '이나', '이나마'가 있고, '불확실함'을 나타내는 '이거나², 이든가², 이든지²', '이고²', '인가², 인지²'가 있다. 그리고 서로 의미 상관성이 없는 복합 보조사 '밖에', '치고', '이라고²', '이라면', '하고는'이 있다.

## 4.1.4. 범주 통용 형식

앞에서 논의하였듯이 언어는 늘 점진적으로 변한다. 시간 선(線)상에서 언어 단위는 정지된 상태로 머물지 않고 유동적으로 변화하는 것이므로 하나의 언어 단위가 변화할 때는 변화하기 전 범주의 특성과 변화할 범주의 특성을 공유하는 단계가 있을 것이다. 즉 어떤 형식은 공시적으로 둘 이상의 범주 특성을 나타낼 수도 있다. 이와 같이 하나의 형식에 두 범주를 부여하는 방식은 변화 과정을 범주 설정에 반영한 결과로 볼 수 있다.

특히 최근에는 범주에 확실한 경계가 없다고 보는 원형 이론[6]을 바탕으로 하여 한국어 문법 단위의 범주를 설정한 논의가 이어지면서 범주 통용으로 기술된 문법 단위들이 늘어나는 추세이다. 이정훈(2005 : 153 각주12)에서 범주는 선명히 경계를 그을 수 있는 경우도 있지만, 그렇지 않은 경우도 있으며 소위 가족 유사성을 지니는 경우 선명하게 경계를 그을 수 없는데, 언어에도 이러한 경우가 나타난다고 하였다. 또한 최동주(1999 : 57 각주17)도 '어휘화나 문법화를 겪어 하나의 단위로 굳어진 형식

---

6) 범주 경계와 관련하여 대립되는 대표적 견해로 고전 이론(classic theory)과 원형 이론 (prototype theory)이 있다. 고전 이론에서는 범주와 범주 간의 경계가 뚜렷하다고 보는 반면에 원형 이론에서는 범주들 간에 중복되는 특징이 있기 때문에 통용이 있을 수 있다고 본다. 고전 이론과 원형 이론에 대한 자세한 설명은 임지룡(1993 : 43-58)을 참조할 수 있다.

들은 일반적으로 두 가지 범주에 속하는 것으로 간주하며 이들이 어느 범주에 속하는지는 통사적 환경을 고려하여 판단할 수밖에 없다'고 하였다. 이와 같은 통사적 환경은 주로 분포 양상을 통해 드러난 것이다.[7] 이 책에서 복합 조사는 문법화 진도에 따라 여러 범주에 속할 수 있다고 본다. 그들의 품사 분류 기준은 주로 문장에서 실현된 문법 기능에 따른 것이다.

## [1] 복합 접속 조사와 복합 보조사 통용 형식

한국어에서 접속 조사로 쓰이면서도 보조사의 기능을 하는 것들이 있다. 학자에 따라 이들은 두 가지의 범주에 모두 속한다고 보기도 한다. 예를 들어 '이나'는 접속 조사로서의 특성과 보조사로서의 특성이 뚜렷하므로 최현배(1937/1980), 허웅(1983) 등에서는 접속 조사와 보조사의 두 기능을 모두 가지는 것으로 보았고, 다른 문법서에서도 이 분류를 그대로 채택하고 있다.[8] 다음에서 이와 같은 형태를 살펴보고자 한다.

일반적으로 접속 조사는 두 개의 선행어를 가지고 있다. 그리고 보조사는 문장에서 중복하여 쓰이지 않으므로 항상 하나의 선행어를 가진다. 이원근(1996 : 142)에서 보조사는 초점을 받으므로 그 선행어는 새로운 정보가 되고 나머지는 이미 알려진 정보가 되는 것이 일반적이라고 하고

---

7) 이와 같이 분포 양상을 통하여 언어 단위의 범주를 규정하는 것은 『고려대』와 엄정호 (2000)도 있다. 『고려대』에서는 '분포'를 주로 기준으로 삼아 형태와 기능이 같은 단위에 두 개의 범주를 설정하기도 한다. 엄정호(2000 : 56)에서는 품사 분류의 기준으로 암묵적으로만 채택되었던 분포를 전면에 내세워야 한다고 하였다. 즉 품사분류의 기준은 형태, 기능, 분포가 되어야 할 것이고, 보조적으로 의미를 세울 수도 있다고 하였다.

8) 그러나 '이든지'의 경우 최현배(1937/1980), 허웅(1995)에서는 두 기능을 가지는 것으로 보았지만, 신창순(1975), 성광수(1979), 채완(1993)에서는 접속 조사로만 보았다.

있다. 이에 따라 만약 문장에 초점을 받게 되는 보조사가 두 개 이상이 나타나면 그 정보량이 적절한 맥락을 해칠 만큼 과중해져서 문장이 비문이 되는 것이다. 즉 한 문장 안에서 같은 보조사가 두 번 이상으로 실현되는 것은 어렵다는 것이다.9) 다시 말하면 보조사에 선행하는 명사(구)는 하나일 가능성이 높다.

(21) 가. 밥<u>이고</u> 떡<u>이고</u> 많이 사왔다.
　　　나. 동생은 무엇<u>이고</u> 모두 잘 해.

(21가)의 명사는 '밥'과 '떡' 두 개이고, 이 두 개의 명사가 '이고'로 연결되어 하나의 명사구를 만들고 나서 다시 서술어 '사오다'와 결합한다. (21나)의 선행어는 '무엇'만 하나로 나타나고, 이 하나의 명사가 '이고'와 결합하여 서술어 '하다'와 공기한다. 예문을 통해 (21가)의 '이고'는 복합 접속 조사, (21나)의 '이고'는 복합 보조사인 것을 파악할 수 있다. 이때 복합 접속 조사 '이고'는 앞에서 논의한 '이고¹'이고, 복합 보조사는 '이고'는 앞에서 논의한 '이고²'이다. 이처럼 두 개의 선행어와 결합하는 '이고'는 복합 접속 조사의 가능성이 높고, 하나의 명사와 결합하는 '이고'는 복합 보조사의 가능성이 높다. 이러한 복합 조사는 대부분 '이'계 활용형에서 문법화 과정을 통해 형성된 것들이다.

복합 접속 조사와 복합 보조사 두 범주에 모두 속해 있는 형태들은

---

9) 보조사 '는'은 이에서 제외된다. 표면적으로 두 개의 '는'이 하나의 단문에 함께 나타난 것으로 보이지만, 이들은 동일한 의미 기능을 수행하고 있는 것이 아니다. 하나의 '는'은 '화제'의 의미를 나타내고, 다른 하나의 '는'은 '대조'의 의미를 나타낸다. 그리고 '는' 외에 '도, 만'도 주제를 나타낸다고 보기도 하고(SOHN Ho-min, 1976) '야'도 주제를 나타낸다고 보기도 한다(윤재원, 1989). 그러나 이들은 자체의 어휘적 의미만 실현할 뿐 주제를 나타내지는 않는 것으로 보인다. 따라서 '야, 도, 만'은 '*철수[야, 도 만] 공[이야, 도, 만] 잘 찬다'처럼 단문 내에 중출이 불가능하게 본다.

결합하여 쓰인 선행어의 특성에서도 차이점이 있다. 문장에서 두 번 이상 출현할 수 있는 복합 접속 조사는 선행어에 제약 없이 모든 체언과 결합할 수 있고, 문장에서 단 한 번밖에 출현하지 못한 복합 보조사는 일반적으로 부정어(不定語)인 선행어와 결합하여 쓰인다.

> (22) 가. 어떤 사람이거나 다 필요하다.
>      나. *철수거나 필요하다.

위 예문에서 '이거나'가 부정어 선행어와 결합하여 쓰인 (22가)는 정상적인 문장이지만 일반명사와 결합하여 쓰인 (22나)는 비문이다. 이것은 바로 복합 보조사가 받는 선행어 결합 제약이다.

하지만 복합 보조사는 완전히 일반 명사와 결합하지 못하는 것이 아니다. 다음 예문에서 복합 보조사는 한 번 실현되어 일반명사와 결합하여 쓰이고 있다.

> (23) 가. 어디나 가자.
>      나. 도서관이나 가자.

(23)에서 '이나'는 한 번 실현된 선행어와 결합하여 쓰이고 있다. 이때의 '이나'는 '이거나'와 달리 한 번만으로 실현되어 부정어와 일반명사가 모두 결합하여 쓰일 수 있는 것으로 나타난다. 즉 복합 보조사 '이거나'보다 복합 보조사 '이나'의 분포 양상이 더 자유롭다.

복합 접속 조사와 복합 보조사를 판별할 수 있는 두 번째 기준은 의미이다. '이'계 복합 조사는 '이-'의 활용형에서 문법화된 것이므로 활용형의 의미와 밀접한 관련이 있다. 특히 '이'계 복합 접속 조사 중에서 '이'의 활용형과 비슷한 의미를 지니는 형태들이 많다. 한편 '이'계 복합

보조사는 '이-'의 활용형에서 문법화하는 과정에서 결합하여 쓰인 선행
어의 변화가 클 만큼 의미 기능의 변화도 크다. 따라서 '이'계 복합 접속
조사는 '이'계 활용형의 의미와 더 가깝고, '이'계 복합 보조사는 '이'계
활용형의 의미와 멀어진다.

> (24) 가. 혼자 있으면 사람<u>이나</u> 동물<u>이나</u> 외롭기는 마찬가지다.
> 　　　 나. 밥이 없으니 빵<u>이나</u> 먹어야겠다.

　(24가)에서 '이나'는 명사구 '사람'과 '동물'을 접속시켜 둘 가운데 어
느 것을 선택하여도 별 상관이 없음을 나타내고 있고, (24나)에서 '이나'
는 명사 '빵'과 결합하여 '밥'을 먹고 싶지만 없는 관계로 '밥'보다 못한
'빵'을 선택함을 나타내고 있다. 한편 연결 어미 '-(으)나'의 의미는 주
로 선행어를 나열하여 그것들이 뒤 절의 내용에 모두 해당함을 나타내
는 데에 있다. (24)의 두 문장에서 (24가)의 '이나'의 의미는 이와 가깝고
(24나)의 '이나'의 의미는 이와 멀어진 것으로 보인다. 따라서 (24가)의
'이나'는 복합 접속 조사로 볼 수 있고, (24나)의 '이나'는 복합 보조사로
볼 수 있다. 이중에서 복합 접속 조사 '이나'는 앞에서 논의한 '이나¹'이
고, 복합 보조사 '이나'는 앞에서 논의한 '이나²'이다.

　위에서 논의한 기준을 바탕으로 구체적인 예문을 통해 복합 조사의
범주 통용에 대하여 알아본다.

> (25) 가. 시장에 가서 과일을 사 왔으니, 키위[든가, 든지] 수박[이든가,
> 　　　　　 이든지] 먹고 싶은 대로 갖다 먹어라.
> 　　　 나. 책<u>이고</u> 책상<u>이고</u> 다 타 버렸다.
> 　　　 다. 그는 문학<u>이나</u> 음악<u>이나</u> 모두 소질이 있다.
> 　　　 라. 꿈[인가, 인지] 생시[인가, 인지] 모르고 여기저기 헤매고 다녔다.

(25가)의 '든가, 든지'는 선행어 '키위'와 '수박'과 결합하여 두 체언을 접속시키고 있고, (25나)의 '이고'는 선행어 '책'과 '책상'과 결합하여 두 체언을 접속시키고 있다. 또한 (25다)의 '이나'는 선행어 '문학'과 '음악'과 결합하여 두 체언을 접속시키고 있고, (25라)의 '인가, 인지'는 선행어 '꿈'과 '생시'와 결합하여 두 체언을 접속시키고 있다. 이처럼 (25)의 '이'계 복합 조사들은 모두 두 개의 선행 체언과 결합하여 쓰이고 있다. 이때 복합 조사 '든가, 든지', '이고', '이나', '인가, 인지'의 의미는 지정사 '이-'의 활용형의 의미와 큰 차이가 없는 것으로 본다. 따라서 이런 형식은 모두 복합 접속 조사로 간주할 수 있다. 복합 조사 '이거나'도 이와 같은 방법으로 복합 접속 조사로 검증된다. 이들의 표기는 각각 '이든가¹, 이든지¹', '이고¹', '인가¹, 인지¹'이다.

(26) 가. 어디[거나, 든가, 든지] 가 보자.
　　나. 오늘은 갑자기 어디고 떠나고 싶었다(이원근, 1996 : 127).
　　다. 누구나 그런 말을 들으면 좋아할 것이다.
　　다´. 고기나 빵을 먹자.
　　다″. 밥이 없으면 빵이나 먹자.
　　라. [누군지, 누군가]가 그 사람을 때렸다고 해서 야단이 났다.
　　　　　　　　　　　　　　　　　　　　　　　　　(이원근, 1996 : 128)

한편 (26)의 경우는 (25)와 다르다. (26)의 복합 조사들과 결합하여 쓰인 선행 체언은 모두 한 번밖에 실현하지 않는다. 또한, 이들 선행어 '어디, 누구'는 모두 부정어를 나타내는 부정대명사이다. 이와 같은 부정대명사인 선행어와 결합하여 쓰일 때 (26가)의 '거나, 든가, 든지'는 문법화 과정에서 '은유'와 같은 기제를 적용하여 의미 변화가 일어나 더 이상 두 개 이상의 선행어 중에서 하나를 선택하는 의미를 나타내지 않고 부정대명사의 의미가 융합되어 '~상관없음'의 의미를 나타내게 된다. 즉 결합하는 선행어의 특성의 변화에 따라 이들 복합 조사의 의미도 달라진다. 이것은 '거나, 든가, 든지'는 이미 '이'계 활용형에서나 복합 접속 조사에서 복합 보조사로 형성된 것으로 볼 수 있다. (26나, 다, 라)에 대한 분석은 이와 같은 방식으로 할 수 있다. 그리고 이들의 표기는 각각 '이거나², 이든가², 이든지²', '이고²', '인가²', 인지²'이다.

그러나 이들 문장 중에서 (26다´)의 경우는 특별한 점이 있다. 즉 '이나'의 선행 체언이 하나일 때 (26다)처럼 부정대명사로 실현될 수도 있고, (26다´)처럼 일반 명사로 실현될 수도 있는 것이다. 이런 특이한 점으로 많은 선행연구에서 '이나'를 보조사의 범위에 넣기도 한다. 하지만 (25)에서 실현된 것처럼 '이나'는 분명히 두 개 이상의 명사(구)를 접속시켜 주는 기능도 가지고 있다. 따라서 이 책은 '이나'를 복합 접속 조사와 복합 보조사 두 가지의 기능을 모두 가진다고 본다. 복합 접속 조사 '이나'는 '이나¹'이고, 복합 보조사 '이나'는 '이나²'이다.


## [2] 복합 접속 조사와 복합 격조사 통용 형식

복합 접속 조사와 복합 격조사 두 범주에 모두 속한 형태들은 다음과 같다.

(27) 가. 오늘은 책<u>하고</u> 책상을 정리했다.
    나. 우리는 한 달에 한 번씩 엄마<u>하고</u> 같이 외식한다.

(27가)의 '하고'는 체언 '책'과 '책상'을 이어주는 기능을 하고 있고, (27나)의 '하고'는 체언 '엄마'와 결합하여 외식을 함께 하는 대상을 나

타내고 있다. 이러한 용법을 통해 (27가)의 '하고'는 복합 접속 조사이고, (27나)의 '하고'는 복합 격조사임을 파악할 수 있다. 이처럼 '하고'는 복합 접속 조사와 복합 격조사 두 범주에 모두 속한다. 이 중에서 복합 접속 조사 '하고'는 '하고$^1$'이고, 복합 격조사 '하고'는 '하고$^2$'이다.

복합 조사 '에다가'도 이와 같은 용법을 보이고 있다.

> (28) 가. 그는 일하던 공장<u>에다가</u> 불을 질렀다.
> 나. 그는 근육질<u>에다가</u> 얼굴도 잘생긴 호남이다(『고려대』).

(28가)의 '에다가'는 선행어 '공장'에 붙어 불을 질렀던 장소를 나타내고 있고, (28나)의 '에다가'는 선행 체언 '근육질'에 붙어 후행 체언 '얼굴'을 더하여 그 사람의 특성을 나타내고 있다. 위 예문을 통해 (28가)의 '에다가'는 복합 격조사, (28나)의 '에다가'는 복합 접속 조사임을 파악할 수 있다. 이 중에서 복합 격조사 '에다가'는 '에다가$^1$'이고, 복합 접속 조사 '에다가'는 '에다가$^2$'이다.

### [3] 복합 격조사와 복합 보조사 통용 형식

복합 조사 '이라고'는 다음과 같이 복합 격조사와 복합 보조사 두 가지 범주에 모두 속해 있다.

> (29) 가. 그는 "새해에는 모든 사람들에게 건강을"<u>이라고</u> 크게 외치며 건배를 제의했다.
> 나. 선물<u>이라고</u> 산 게 이거야?

(29가)의 '이라고'는 말 뒤에 붙어 다른 사람의 말을 그대로 가져와

직접 인용함을 나타내는 복합 격조사이고, (29나)의 '이라고'는 체언의 뒤에 붙어 마음에 들지 않아서 얕잡아 가리키는 대상임을 나타내는 복합 보조사이다. 이처럼 '이라고'는 쓰이는 환경에 따라 복합 격조사의 기능도 하고 복합 보조사의 기능도 한다. 이때 복합 격조사 '이라고'는 '이라고[1]'이고, 복합 보조사 '이라고'는 '이라고[2]'이다.

이상에서 복합 조사가 문장에서 담당하는 문법 기능에 따라 복합 격조사인지, 복합 접속 조사인지 복합 보조사인지에 대해 논의하였다. 이를 간추려 그림으로 제시하면 다음과 같다.

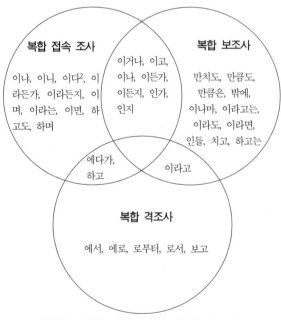

〈그림 1〉 문법 기능에 따른 복합 조사의 분류

〈그림 1〉는 문법 기능에 따라 복합 조사를 분류한 결과이다. 이 중에서 복합 격조사로 쓰인 것은 '에서, 에로, 로부터, 로서, 보고'이고, 복

합 접속 조사로 쓰인 것은 '이냐, 이니, 이다', 이라든가, 이라든지, 이라
는, 이며, 이면, 하고도, 하며'이고, 복합 보조사로 쓰인 것은 '만치도, 만
큼도, 만큼은, 밖에, 이나마, 이라고는, 이라도, 이라면, 인들, 치고, 하고
는'이다. 그리고 복합 격조사와 복합 접속 조사 두 범주에 있는 형태는
'에다가, 하고'가 있고, 복합 격조사와 복합 보조사 두 범주에 있는 형태
는 '이라고'가 있고, 복합 접속 조사와 복합 보조사 두 범주에 있는 형태
는 '이거나, 이고, 이나, 이든가, 이든지, 인가, 인지'가 있다.

## 4.2. 구성 성분에 따른 분류

복합 조사는 통시적으로 형성된 것이지만 공시적으로 형태소 분석이
가능하다. 따라서 복합 조사는 분석된 형태소의 종류에 따라 몇 가지 유
형으로 나눌 수 있다. 예를 들자면 복합 조사를 기술할 때 가장 대표적
인 '으로서'는 조사와 조사가 이어서 쓰인 형식에서 문법화 과정을 거쳐
이루어진 경우이다. 다음에서 이러한 방법으로 복합 조사의 내부 구조에
대하여 고찰한다.

### 4.2.1. 두 개 이상의 조사 형태소로 이루어진 복합 조사

앞에서 논의한 대로 현대 한국어 조사체계는 크게 격조사, 접속 조사,
보조사 세 가지로 나눈다. 이 책에서 선정한 복합 조사의 구성 성분 '조
사+조사'로 분석된 것들의 유형은 구체적으로 '격조사+격조사', '격조
사+보조사', '접속 조사+보조사'의 세 가지이다. 다음으로 유형별로 이

들 복합 조사를 살펴보겠다.

첫째, '격조사+격조사'의 구성이다. 격조사 '에'와 격조사 '로'가 통합하여 문법화 과정을 해서 지향점을 나타내는 복합 조사 '에로'를 형성한다.

(30) 우리의 생각은 과거<u>에로</u> 거슬러 올라갔다(허웅, 1995 : 1284).

(30)의 복합 조사 '에로'는 거슬러 올라간 시간의 지향점을 나타내고 있다. 이는 서술어의 동작이 미치는 대상을 나타내는 선행 격조사 '에'에 방향의 뜻을 나타내는 후행 격조사 '로'가 결합하여 형성된 것이다.

둘째, '격조사+보조사'의 구성이다. 이 책에서 '서'를 하나의 보조사로 간주하고 있으므로 복합 조사 '에서, 로서'는 격조사 '에, 로'와 보조사 '서'가 결합하여 문법화 과정을 통해서 형성된 복합 조사로 볼 수 있다.

(31) 가. 서울<u>에서</u> 몇 시에 출발할 예정이냐?
　　　나. 이 문제는 너<u>로서</u> 시작되었다.

　　　　　　　　　　　　　　　　　　　　(이상 『표준』)

(32) 바퀴 달린 탈 것은 마차<u>로부터</u> 고속전철까지 발전해 왔다.

　　　　　　　　　　　　　　　　　　　(이규호, 2007 : 138)

(31)에서 쓰인 복합 조사 '에서, 로서'는 각각 처소의 시작점, 문제의 시작점을 나타내고 있다. (32)에서 쓰인 복합 조사 '로부터'는 격조사 '로'와 보조사 '부터'의 구성으로 분석될 수 있다. 이 복합 조사의 의미는 보조사 '부터'의 의미와 관련되어 출발점을 나타낸다. '에서', '로서', '로부터'는 모두 '격조사+보조사'로 구성된 것들이다.

그리고 다음 복합 조사의 구성 성분 중 격조사 '만치', '만큼'이 포함되어 있다.

(33) 가. 이곳은 비라야 병아리 눈물<u>만큼도</u> 오지 않는다(『연세대』).
　　나. 내가 이 자리를 차지할 생각은 손톱<u>만치도</u> 없다는 사실을 여
　　　　러분에게 밝힙니다(『고려대』).
　　다. 아이에게<u>만큼은</u> 사랑 표현을 아끼지 말자.

(34) 이 물건은 어디<u>에다가</u> 둘까요?

　(33)에서 쓰인 복합 조사 '만치도, 만큼도, 만큼은'은 각각 조사 '만
큼', '만치'와 보조사 '도', '은'의 결합 형식으로 구성 성분의 형태소 분
석을 할 수 있다. (34)의 '에다가¹'은 처소격 조사에 보조사가 결합하여 물
건을 둘 장소를 나타내는 복합 부사격 조사이다. 이때 '에다가¹'의 형태소
분석은 처격조사 '에'에 보조사 '다가'의 결합 형식으로 볼 수 있다.
　셋째, '접속 조사＋보조사'의 구성이다. 이 구성의 복합 조사는 다만
'에다가²' 하나뿐이다.

(35) 매달 쌀 한 말<u>에다가</u> 보리쌀 두어 되씩을 받았다.

　　　　　　　　　　　　　　　　　　　　　　(이규호, 2007 : 141)

　(35)의 '에다가²'는 '쌀 한 말'과 '보리쌀 두어 되'를 첨가적 관계로
잇는 나열 접속 조사이다. 이때의 '에다가²'는 접속 조사 '에'에 보조사
'다가'가 결합한 것으로 형태소 분석을 할 수 있다.

## 4.2.2. '이'계 활용형으로 분석되는 복합 조사

지정사 어간 '이-'에 어미가 결합한 구성이 복합 조사로 발달한 예들이 상당수 있다. 이때 어미는 대부분 연결 어미이며, 드물게는 종결어미인 경우도 있다. 이들은 구체적으로 다음과 같이 나누어진다.

(36) 가. 이거나1, 이거나2, 이든가1, 이든가2, 이든지1, 이든지2 ; 이나,
　　　　이나마 ; 이면2 ; 이고1, 이고2, 이니, 이며 ; 이라도 ; 인들
　　나. 이냐 ; 이다2 ; 인가, 인지
　　다. 이라고1, 이라고2 ; 이라고는 ; 이라는 ; 이라든가, 이라든지 ; 이
　　　　라면

'이'계 활용형에서 문법화 과정을 거쳐 형성된 복합 조사를 (36가)와 (36나)와 (36다)로 나눈다. (36가)는 '이-'＋연결 어미로 분석할 수 있는 형식들이고, (36나)는 '이-'＋종결어미로 분석할 수 있는 형식들이며, (36다)는 '이-'＋인용구성으로 분석되는 형식들이다. 다음에서 이들을 유형별로 기술한다.

(37) 가. 공부를 한다거나 일을 한다거나 하여 잡념을 없앤다(『표준』).
　　나. 그녀는 학교에서[든가, 든지] 집에서[든가, 든지] 항상 예의
　　　　바르게 행동한다.

(37)의 '이거나1', '이든가1, 이든지1'은 주로 '이-'와 연결 어미 '-거나', '-든가, -든지'가 결합하여 형성된 복합 조사들이다. 이들은 연결 어미의 의미를 이어받아 모두 '선택'과 관련된 의미를 나타낸다. 이와 같은 방식으로 복합 보조사 '이거나2', '이든가2, 이든지2'도 논의할 수 있다.

(38) 가. 산책<u>이나</u> 하러 나가자.

　　 나. 외국여행을 못 가더라도 국내여행<u>이나마</u> 가자.

(38나)의 '이나², '이나마'는 '이-'와 연결 어미 '-나', '-나마'가 결합하여 문법화 과정을 거쳐 형성된 복합 조사이다. 이들은 모두 선택의 의미를 나타내는데 '이나²'는 주로 선택된 사항에 대해 긍정적 감정을 드러내는 반면 '이나마'는 주로 선택된 상황에 대해 부정적 감정을 드러낸다. 이와 같은 방식으로 복합 접속 조사 '이나¹'도 논의할 수 있다.

(39) 그는 가방<u>이면</u> 가방, 시계<u>면</u> 시계, 모두 비싼 물건만 산다(『고려대』).

(39)의 '이면'은 '이-'와 연결 어미 '-면'이 결합하여 형성된 복합 조사이다. 이 복합 조사는 동일한 명사(구)를 반복함으로써 선행어를 강조한다.

(40) 가. 그는 이번에 수학<u>이고</u> 과학<u>이고</u> 점수를 못 받은 게 없다.

　　 나. 마당에는 고추<u>니</u> 보리<u>니</u> 말리려고 내다 놓은 것들이 가득했다.

　　 다. 그의 정원에는 소나무<u>며</u> 벚나무<u>며</u> 없는 게 없다.

(이상 『고려대』)

(40)의 '이고¹, 이니, 이며'는 모두 '이-'와 연결 어미 '-고, -니, -며'가 결합하여 형성된 선행어 중에서 어떤 것을 선택하여도 상관하지 않는다는 의미를 나타내는 복합 조사들이다. 그리고 복합 조사 '이고²'도 이와 같은 형식으로 분석된다.

(41) 가. 밥이 없으면 라면<u>이라도</u> 주세요(『표준』).

　　 나. 그 정도 일이야 <u>놀면선들</u> 못하겠어요?(최동주, 1999 : 53)

앞에서 논의하였듯이 (41가)의 '이라도'의 '라도'는 '이다' 의 어간에 직접 붙는 연결 어미 '-어도'의 이형태이다. 이에 따라 '이라도'는 '이-' +연결 어미의 구성 형식에서 문법화 과정을 거쳐 형성된 것으로 간주할 수 있다. 그리고 (41나)의 '인들'은 '이-'와 연결 어미 '-ㄴ들'이 결합하여 문법화 과정을 거쳐 형성된 복합 보조사이다. 이 두 조사는 모두양보의 의미를 나타낸다.

> (42) 가. 영어냐 일본어냐 그 것이 문제이다.
>  나. 그는 농구다 축구다 못하는 운동이 없다(『표준』).

(42)의 '이냐', '이다²'는 '이-'와 종결어미 '-냐', '-다'가 결합하여 문법화 과정을 거쳐형성된 복합 접속 조사이다. 이는 주로 명사구에 붙어 예시의 뜻을 나타낸다.

> (43) 가. 철수가 영인가 순인가를 사랑한다.
>  나. 우리 아파트 단지의 장터는 화요일인지 수요일인지 자꾸 헷
>     갈린다.

(43)의 '인가¹, 인지¹'은 '이-'와 종결어미 '-ㄴ가', '-ㄴ지'가 결합하여 문법화 과정을 거쳐 형성된 복합 접속 조사이다. 복합 보조사 '인가², 인지²'도 이러한 방식으로 논의할 수 있다.

> (44) 가. 김 교수는 고개를 저으며 "이 논문은 아마 통과되기 어려울
>     걸."이라고 말했다.
>  나. 이것도 일이라고 했니?(이상 『표준』)

(44가)의 '이라고'는 김 교수님의 말씀을 직접 인용하는 복합 격조사 '이라고¹'이다. 그렇지만 (44나)의 '이라고'는 이와 사뭇 다르다. (44나) 의 '이라고'는 '일'에 붙어 마음에 탐탁지 않게 생각한다는 의미를 나타 내는 복합 보조사 '이라고²'이다. 하지만 이 두 개의 '이라고'는 모두 지 정사 '이-'와 관련되어 형성된 것이다. 이때의 '라'는 종결어미 '-다'의 이 형태이므로 '이라고'를 '이-'와 인용 구성에서 문법화된 것으로 볼 수 있다. 복합 조사의 이와 같은 구성 방식은 다음과 같은 것도 있다.

(45) 가. 그에게서 의지라고는 조금도 찾아볼 수 없다(『고려대』).
　　　나. 약이라는 약은 다 써 봐도 효험이 없다(이규호, 2007 : 144).
　　　다. 축구라면 그 녀석이 참 잘했지(『고려대』).

(45가)에서 '이라고는'의 직접 구성 성분은 보조사 '이라고'와 '는'의 결합으로 할 수 있다. 하지만 이 책에서 이를 지정사 '이다'와 관련시켜 논의하였으므로 '이라고'와 같이 '이-'와 인용 구성 형식에서 문법화된 것이라고 본다. 이는 주로 체언의 뒤에 붙어, 앞말을 강조하여 지정하는 뜻을 나타낸다. (45가)의 '이라는'은 지정사 '이-'와 종결어미 '-다'와 관 형사형 어미 '-는'과의 결합 형식으로 형태소 분석이 가능하므로 '이-' 인용 구성 성분에서 문법화 과정을 거쳐 형성된 것으로 볼 수 있다. 그 리고 (45다)의 '이라면'은 '이-'와 종결어미 '-다'의 이형태, 그리고 연 결 어미 '-면'의 결합 형식으로 형태소 분석이 가능하다. 이에 따라 '이 라면'도 지정사 '이-'와 인용 구성에서 왔다고 해야 한다.

(46) 시[라든가, 라든지] 소설[이라든가, 이라든지] 문학에 관계된 책은 뭐든 읽고 싶다.

(46)은 복합 조사 '이라든가', '이라든지'가 쓰인 문장이다. 앞에서 논의하였듯이 이 책에서 '이라든가', '이라든지'는 '이-+-라+-든가', '이-+-라+-든지'로 형태소 분석이 가능하다고 본다. 즉 '이라든가, 이라든지'는 모두 '이-'와 종결어미, 그리고 연결 어미의 결합 형식에서 형성된 것이다. 더 구체적으로 말하자면 '이라든가, 이라든지'도 '이-'+인용 구성에서 왔다고 볼 수 있다. 그리고 이 두 복합 조사는 주로 명사(구)에 붙어 쓰여 그 선행어를 예시로 제시한다는 것을 의미한다.

### 4.2.3. 동사의 활용형으로 분석되는 복합 조사

동사의 활용형에서 문법화 과정을 거쳐 형성된 복합 조사는 주로 다음과 같이 두 부류로 나누어진다.

> (47) 가. 너, 이것은 누구<u>보고</u> 말하는 것이냐?
> 나. 중소기업<u>치고</u> 그 회사처럼 내실 있는 곳은 드물다.
> 다. 너<u>하고</u> 나는 이쪽에 있자.
> 라. 하는 짓<u>하고는</u> 원!(이상『고려대』)
> 마. 2014년이 된 지 4개월<u>하고도</u> 2일이 지났네요.

> (48) 키꼴<u>하며</u> 얼굴 생김<u>하며</u> 나무랄 데 없는 미남자.

(47)은 동사 '보-', '치-', '하-'와 연결 어미 '-고'가 결합하여 문법화 과정을 거쳐 형성된 복합 조사이다. 이들 중에서 '하고는'과 '하고도'는 직접 구성 성분을 분석해 보면 동사의 활용형 '하고'와 보조사 '는', '도'가 결합한 것이다. (48)의 '하며'는 동사 '하-'와 연결 어미 '-며'가 결합

하여 문법화 과정을 거쳐 형성된 복합 조사이다.

또한 '명사+조사'로 분석되는 복합 조사도 있다. 하지만 이 분류에 속하는 복합 조사는 오직 명사 '밖'과 부사격 조사 '에'가 결합한 구성이 문법화 과정을 통해 형성된 복합 보조사 '밖에'이다. 여기서는 이를 다시 논의하지 않기로 한다.

이상과 같이 현대 한국어 중에서 총 37개 항목의 복합 조사를 구성에 따라 구성 방식을 유형화하면 다음과 같다.[10)]

<표 2> 복합 조사의 구성 유형과 목록

| 구성 방식 | | 항목 |
|---|---|---|
| 조사+조사 | 격조사+격조사 | 에로 |
| | 격조사+보조사 | 만치도, 만큼도, 만큼은, 에서, 로부터, 로서, 에다가[1] |
| | 접속 조사+보조사 | 에다가[2] |
| '이'계 활용형 | '이-'+연결 어미 | 이거나[1], 이거나[2], 이든가, 이든가[2], 이든지[1], 이든지[2], 이고[1], 이고[2], 이나[1], 이나[2], 이나마, 이니, 이라도, 이며, 이면, 인들 |
| | '이-'+종결어미 | 이냐, 이다[2], 인가[1], 인가[2], 인지[1], 인지[2] |
| | '이-'+인용 구성 | 이라고[1], 이라고[2], 이라고는, 이라는, 이라면, 이라든가, 이라든지, |
| 동사의 활용형 | | 보고, 치고, 하고[1], 하고[2], 하고는, 하고도, 하며 |
| 명사+조사 | | 밖에 |

이렇게 복합 조사를 구성 성분에 따라 분류하는 것을 바탕으로 복합 조사가 문법화 과정에 있는 위치를 확인할 수 있다.

---

10) <표 2>의 '에다가[1]', '에다가[2]'는 '에다가'가 문법 기능에 따라 복합 격조사, 복합 접속 조사로 분류해서 제시한 것이다. 이외에 '이거나[1], 이거나[2]', '이든가, 이든가[2]…' 등의 경우도 이와 같다. 따라서 <표 2>에서 제시한 복합 조사의 수량이 <표 1>에서 제시한 복합 조사의 수량과 다르다.

## 4.3. 문법화 정도에 따른 분류

앞에서 논의한 대로 문법화의 연속성과 범주의 유동성에 따라 하나의 복합 조사는 여러 범주에 속할 수 있다. 이러한 과정에 처해 있는 형태들은 대부분 문법화의 정도성이 낮은 것으로 추정된다. 반면 기원 형식의 용법에서 완전히 벗어나고 새로운 용법을 가지게 된 형식은 문법화의 정도성이 비교적 강하다. 이 책은 이와 같은 문법화 정도에 따라 복합 조사를 강 복합 조사와 약 복합 조사로 나눈다.

다음으로 문법화의 두 유형인 '문법형태소>문법형태소', '어휘형태소>문법형태소'에 따라 복합 조사의 문법화 정도를 살펴보자.

### 4.3.1. '문법형태소>문법형태소'의 복합 조사

이 형식에 해당하는 복합 조사는 대부분 조사의 연속 구성에서 문법화된 것들이다.

(49) 가. 참새 한 마리가 이 가지에서 저 가지[에로, 에, 로] 날아갔다.
　　　　　　　　　　　　　　　　　　　　　　　　　（『고려대』）
　　　나. 우리나라도 전쟁을 극복하고 평화[에로, *에, *로] 나아갈 준
　　　　　비를 해야 한다.

앞에서 논의하였듯이 (49가)의 '에로'는 단순한 조사의 연속 구성이고, (49나)의 '에로'는 하나의 복합 조사이다. 이처럼 상황에 따라 '에로'는 복합 조사로 사용되기도 하고 단순히 조사의 연속 구성으로 사용되기도

한다. 이는 '에로'가 조사의 연속 구성에서 복합 조사로 향한 문법화 과정에 있다는 것을 의미한다. 따라서 복합 조사의 용법을 갖게 된 '에로'의 문법화 정도성도 그리 강하지 않다. 이와 같은 양상으로 보이는 복합 조사는 '만큼은'도 있다.

다음 예문에서 쓰인 '에서', '로부터', '로서', '만치도, 만큼도'는 다른 양상을 보이고 있다.

(50) 가. 말이 입 속에서 좀처럼 나오지 않는다.
　　　나. 낡은 사회로부터 새로운 사회로 탈바꿈하다.
　　　다. 대표의 자격으로서 발언하다.
　　　라. 그는 털끝[만치도, 만큼도] 양보하려 하지 않는다.

(이상 『고려대』)

(50)에서 쓰인 '에서', '로부터', '로서', '만치도, 만큼도'는 더 이상 구성 성분으로 나눠서 쓰일 수 없으므로 완전히 하나의 복합 조사로 형성되었다. 따라서 이들의 문법화 정도성은 매우 강하다. 이 책에서는 이와 같이 문법화가 많이 진행된 예들을 강 복합 조사라고 부른다.

한편 다음 예문에서 쓰인 '에다가[1]'은 부사격 조사 '에'와 밀접한 관련성을 가지고 있다.

(51) 가. 벽에다가 함부로 낙서하지 마라(『고려대』).
　　　나. 벽에 함부로 낙서하지 마라.

위에서 '에다가[1]'로 실현된 문장 (51가)는 '에'로 실현된 문장 (51나)와 같은 용법으로 보인다. 유경화(2013 : 40)에서 '에다가'가 쓰인 문장은 '에'로 실현된 문장보다 구체적인 위치를 나타내주는 강조 의미가 더 강

하게 느껴진다고 하였다. 결국 '에다가'의 '에'와 '다가' 사이에 결속력
이 그리 강하지 않다는 것을 파악할 수 있다. 따라서 '에다가¹'은 강 복
합 조사로 볼 수 없다. 복합 접속 조사 '에다가²'도 이와 같은 양상을 보
인다.

　이상에서 주로 '문법형태소>문법형태소'의 과정에 속하는 복합 조사
들이 문법화 과정에 처한 위치를 살펴보았다. 이를 그림으로 표기하면
다음과 같다.

〈그림 2〉 '문법형태소>문법형태소'의 복합 조사의 문법화 정도 강약도

　위 그림에서 보여준 것처럼 아직 모든 형식이 다 복합 조사가 되지
않는 '에로', '만큼은'은 문법화 과정 중이므로 약 복합 조사라고 하고,
완전히 복합 조사가 된 '에서, 로부터, 로서, 만치도, 만큼도'는 복합 조
사로 향한 문법화 과정을 이미 마쳤으므로 강 복합 조사라고 할 수 있
다. 그리고 이미 복합 조사로 형성되었지만 두 구성 성분 사이의 응축력
은 그리 강하지 않은 '에다가¹, 에다가²'는 그 중간 사이에 있다.

## 4.3.2. '어휘형태소>문법형태소'의 복합 조사

　복합 조사의 구성 성분 사이의 결합 관계에 따라 '어휘형태소>문법형
태소'의 문법화 형식을 '이'계 활용형에서 문법화 과정을 통해 형성된

복합 조사, 동사 활용형에서 문법화 과정을 통해 형성된 복합 조사, 명사에 조사가 붙어 쓰인 형식에서 문법화 과정을 통해 형성된 복합 조사 등 세 가지로 나눈다.11)

### [1] '이'계 활용형에서 형성된 복합 조사

'이'계 복합 조사 중에서 많은 경우는 지정사 '이-'에 연결 어미가 연결되어 쓰인 활용형에서 문법화하여 형성된 것이다. 따라서 이런 '이'계 활용형들이 문법화를 거치게 되면 접속 조사로 변화하는 가능성이 가장 크다. 이에 따라 이 책은 '이'계 복합 접속 조사를 '이'계 활용형이 문법화 과정을 거쳐 우선으로 형성된 형태로 본다.

먼저 '이'계 활용형에서 형성된 복합 접속 조사부터 살펴본다.

> (52) 가. 그가 착한 사람<u>이면</u> 복을 받게 되어 있다.
>       나. 그는 청소<u>면</u> 청소, 설거지<u>면</u> 설거지, 모든 집안일을 다 한다.

(52가)의 '이면'은 '이-'에 연결 어미 '-면'이 붙어 쓰인 것이고, (52나)의 '이면'은 '이-'와 연결 어미 '-면'의 결합 형식이 문법화 과정을 거쳐 형성된 복합 조사이다. 이처럼 '이면'은 '이'계 활용형의 용법과 복합 조사의 용법을 모두 가지고 있다. 다른 측면에서 보면 '이면'이라는 형식은 아직 모두 '이'계 활용형에서 복합 접속 조사로 형성된 것이 아니다. 따라서 다만 그중에서 일부가 복합 조사가 형성된 '이면'의 문법화

---

11) 학자에 따라 지정사 '이다'가 어휘형태소인지에 대해서는 이견이 있을 수 있다. 이 책은 활용을 할 수 있다는 점에서 '이다'를 실제 의미를 가진 용언과 같은 층위에서 논의하고 있다. 즉 '이다'를 '지정'이나 '서술'의 의미를 나타내는 어휘형태소로 본다는 것이다. 이에 따라 '이'계 활용형은 모두 어휘형태소로 볼 수 있다.

정도성은 약한 편이라고 볼 수 있다. '이면'뿐만 아니라 많은 '이'계 복합 조사도 이와 같은 용법을 가지고 있다.

> (53) 가. 지나가는 사람이 선생님[이라든가, 이라든지] 웃어른이라면
> 예의 바르게 인사를 해야 한다.
> 나. 나는 튀김[이라든가, 이라든지] 전[이라든가, 이라든지] 기름
> 진 음식들을 싫어하는 편이다(『고려대』).

(53가)의 '이라든가, 이라든지'는 '이'계 활용형식이고, (53나)의 '이라든가, 이라든지'는 문법화를 통해 형성된 복합 접속 조사이다. 이는 (52)에서 논의하였던 '이면'과 같은 쓰임을 가지고 있다. 이러한 쓰임을 가진 복합 접속 조사로는 '이라는', '이냐', '이니, 이다², 이며'도 있다. 이들은 모두 '이면'과 같이 문법화 정도가 낮은 약 복합 조사이다.

다음으로 '이'계 활용형에서 형성된 복합 보조사의 문법화 정도를 살펴본다.

> (54) 가. 그를 위인이라고는 할 수 없다.
> 나. 호주머니에 돈이라고는 한 푼도 없었다.

(54가)의 '이라고는'은 단순히 '이라고'와 보조사 '는'이 연속적으로 쓰인 것이다. 하지만 (54나)의 '이라고는'은 이미 통시적으로 문법화 과정을 거쳐 형성된 하나의 복합 보조사이다. 이처럼 '이라고는'의 모든 형태는 아직도 완전히 복합 조사로 형성되지 않고 있다. 따라서 '이라고는'의 문법화 정도는 약한 편이다.

'이라고는'처럼 복합 보조사의 용법뿐만 아니라 아직 기원 형식의 용법도 가지고 있는 것들은 '이라고', '이라도', '이라면', '인들'이 더 있

다. 이들은 모두 문법화 정도가 그리 강하지 않으므로 약 복합 조사의
범주에 속한다.

앞에서 논의하였던 복합 접속 조사 '이고'는 다음과 같이 복합 보조사
의 용법도 가진다.

(55) 가. 집에서 구박을 받은 날은 어머니고 누나고 모두 보기 싫었다.
나. 오빠는 어떤 것이고 관계없다고 했으니 아무거나 사 가자.
다. *오빠는 과자고 사오라고 했다.

(55가)의 '고¹'은 인칭대명사에 붙어 두 번 실현되어 복합 접속 조사로
서 쓰이고 있고, (55나)의 '이고²'는 부정어 '어떤 것'에 붙어 한 번 실현
되어 복합 보조사로서 쓰이고 있다. 한편 (55다)에서 한 번 실현된 '고²'
는 일반명사 선행어 '과자'에 붙어 쓰이는데 문장이 더 이상 성립하지
않는다. 즉 복합 보조사로 쓰인 '이고²'는 선행어가 반드시 부정어(不定語)
임을 요구한다. 이와 같은 쓰임을 가지고 있는 형태는 '이거나, 이든가,
이든지'도 있다.

(56) 가. 철수는 학교에서거나 집에서거나 늘 공부만 한다.
나. 그들은 자신의 목적을 위해 어떤 방법이거나 사용한다.

(56가)의 '이거나¹'은 체언 선행어 '학교에서'와 '집에서'를 이어주는
복합 접속 조사이고, (56나)의 '이거나²'는 부정어인 선행어와 결합하여
쓰인 복합 보조사이다. '이고'처럼 '이거나'도 복합 접속 조사와 복합 보
조사 두 가지의 용법을 가지고 있다. 이외에 '이거나, 이든가, 이든지'도
이와 같은 양상을 보인다. 이들은 모두 '이고'의 문법화 정도성과 같다.

하지만 다음과 같이 '이나²', '인가², 인지²'는 한 번만 나타난 부정어

와 결합할 수 있을 뿐만 아니라 한 번만 나타난 일반 명사와도 결합할
수 있다.

    (57) 가. 이 일은 누구나 다 할 수 있다.
        나. 낚시나 하러 가자.

    (58) 가. 이 세상 [어딘가, 어딘지] 있겠지.
        나. 봉투는 첫째 서랍[인가, 인지]에 있어.

  (57)에서 '이나²'는 한 번 실현된 부정어, 일반명사와 모두 결합하여
쓰이고, (58)에서 '인가², 인지²'는 한 번 실현된 부정어, 일반명사와 모
두 결합하여 쓰이고 있다. 이처럼 '이나²', '인가², 인지²'는 한 번 실현
된 부정어와 일반 명사와 모두 결합하여 쓰일 수 있다. 즉 복합 보조사
'이나²'와 복합 보조사 '인가², 인지²'의 문법화 정도는 한 번 나타난 일
반명사와 결합하지 못한 복합 조사보다 많이 일어난다고 볼 수 있다. 이
러한 형식을 강 복합 조사로 보기로 한다.
  한편 다음 예문에서 쓰인 복합 조사 '이나마'는 또한 다른 용법을 보
여준다.

    (59) 가. *밥이나마 빵이나마 있어서 다행이다.
        나. *누구나마 나랑 같이 여행 가자.
        다. 반찬 없는 밥이나마 많이 자시게.

  (59가, 나)에서 '이나마'는 두 번 나타난 명사, 그리고 한 번 나타난
부정어와 모두 결합하지 못한 모습을 보여준다. 즉 '이나마'는 접속 조
사의 용법을 가지지 못한다. 반면 (59다)에서 '이나마'는 한 번 나타난

명사구 '반찬 없는 밥'과 결합하여 쓰인다. 이때의 '이나마'는 보조사의
용법을 담당하고 있다. 하지만 보조사로서의 '이나마'는 (59나)와 같이
부정어인 선행어와 결합하지 않는다. 이는 보조사 '이나마'의 문법화가
많이 진행되어 '이'계 활용형에서 '이'계 보조사로 가는 과정을 이미 완
전히 마친 것이라고 할 수 있다. 즉 (59다)처럼 한 번만 나타난 일반 명
사와만 결합하는 '이나마'의 문법화 정도는 (55)의 '이고'보다 훨씬 더
높다. 이런 용법을 가진 '이나마'는 강 복합 조사라고 할 수 있다.

그리고 의미 측면에서도 '이'계 복합 조사의 문법화 정도를 알 수 있
다. 문법화가 많이 일어난 형식의 의미는 '이'계 활용형의 의미와 멀어
지고 문법화가 덜 일어난 형식의 의미는 '이'계 활용형의 의미와 가깝다.
즉 '이'계 활용형의 의미와 가깝게 있으면 문법화 정도가 낮은 것이고,
'이'계 활용형의 의미와 멀어지면 문법화 정도가 높은 것이다.


(60) 가. 그는 내일이나 모레 대전에 가야 한다.
　　　나. 동생은 무엇이나 다 잘 먹는다.
　　　다. 심심한데 책이나 읽자.
　　　라. 자나 깨나 불조심을 해야 한다(『고려대』).


(60가)에서 '이나'는 복합 접속 조사로서 선행어 '내일'과 '모레' 중에
서 어느 하나를 선택함을 나타내고 있고, (60나)에서 '이나'는 복합 보조
사로서 부정어 '무엇'과 결합하여 어느 것을 선택되어도 상관없음을 나
타내며, (60다)에서 '이나'는 선행어 '책'에 결합하여 마음에 차지 않는
선택을 나타내고 있다. 한편 (60라)는 연결 어미 '-으나'가 실현된 문장
이다. 이때 '으나'는 주로 선행어와 결합하여 그것을 나열한다는 의미를
나타낸다.

이제 (60가, 나, 다)에서 논의한 복합 조사 '이나'와 (60라)에서 실현된 연결 어미 '-으나'의 의미 관련을 살펴본다. (60가, 나, 다) 중에서 (60가)의 두 선행어를 나열하여 단순히 그중에서 하나를 선택하는 의미와 (60라)의 '나열' 의미의 거리가 가장 가깝고, (60다)의 주관화가 들어 있는 선택 의미와 (60라)의 '나열' 의미의 거리가 가장 멀어 보인다. 즉 '이'계 복합 보조사의 의미는 '이'계 복합 접속 조사의 의미보다 더 많은 변화가 일어난다고 볼 수 있다. 이것은 앞에서 논의하였던 문법화의 은유 기제와 주관화 등과 관련된다. 복합 접속 조사보다 은유와 주관화가 많이 적용된 복합 보조사의 의미는 기원 형식과 더 멀다.

이처럼 문법화 진도에 따라 '이'계 복합 조사의 형성 과정은 다음과 같은 예문을 통해 밝혀낼 수 있다.

(61) 가. [[가야 할 사람이 철순가 와야 할 사람이 영인가]의 문제]가
　　　 아직 해결되지 않았다.
　　 나. 나는 [[철순가 민순가] 한 학생]을 만났었다.
　　 다. 나는 [철순가 민순가]를 만났었다.
　　 라. 나는 [철순가]를 만났었다.

(이상 이정훈, 2005 : 166)

(61)은 복합 조사 '인가'의 형성 과정이다. 이 중에서 (61가, 나, 라)의 세 단계는 이정훈(2005 : 166)에서 상정한 것이다. 한편 남윤진(2011 : 159)에서 (61나)와 (61라) 사이에 (61다)를 더 상정하였다. (61나)의 단계에서 '-인가'는 간접적인 접속의 기능을 가지고 여기에서 이른바 포괄 명사 표현(한 학생)이 나타나지 않게 되면 그때 '인가'는 직접적인 접속으로 작용한다는 점에 비추어 보면 (61다)이 자연스러운 중간 단계가 된다. 즉 (61가, 나)는 '이'계 활용형, (61다)는 접속 조사, (61라)는 보조사 단

계라고 볼 수 있다. 이에 따라 문법화는 어떤 성분들이 없어지고 구성이 단순해지는 방향으로 진행되었으리라 추측할 수 있다. 즉 '인가'는 먼저 복합 접속 조사로 형성된 후에 복합 보조사로 형성된다는 것이다. 다시 말하면 '이'계 복합 접속 조사보다 '이'계 복합 보조사의 문법화 정도가 더 강하다는 것이다.

한편 '이'계 활용형에서 문법화 과정을 통해서 격조사로 형성된 경우도 있다. 덜 문법적인 것에서 더 문법적인 것으로 변화하는 문법화 과정에 따르면 문법성이 강한 격조사는 어휘성이 강한 보조사보다 문법화 정도가 강하다. 즉 '이'계 격조사의 문법성은 '이'계 복합 접속 조사나 '이'계 복합 보조사보다 더 강한 것이다.

'이라고[1]'은 '이'계 활용형에서 문법화를 통해서 다음과 같이 복합 격조사로 쓰일 수 있다.

    (62) 민아는 "다신 날 찾지 못할걸."이라고 말한 후 우리를 떠나갔다.

(62가)의 '이라고[1]'은 민아의 말을 바꾸지 않고 그대로 인용하고 있다. 앞에서 논의하였듯이 '이'계 복합 격조사의 문법화 정도는 복합 접속 조사와 복합 보조사보다 더 강한 것이다. 따라서 복합 격조사로 쓰인 '이라고[1]'은 강 복합 조사로 볼 수 있다.

이상에서 논의한 내용을 바탕으로 '이'계 복합 조사의 문법화 과정을 대체로 다음과 같이 정리할 수 있다.

    (63) '이'계 활용형 ⟶ '이'계 복합 접속 조사 ⟶ '이'계 복합 보조사 ⟶
       '이'계 복합 격조사 ⟶

(63)에서 보여준 것처럼 '이'계 활용형은 문법화를 하게 되면 먼저 복합 접속 조사가 형성된다. 그다음에 복합 보조사, 복합 격조사가 형성된다.

이상으로 '이'계 활용형에서 형성된 복합 조사의 문법화 정도의 강약을 살펴보았다. 이를 그림으로 제시하면 다음과 같다.

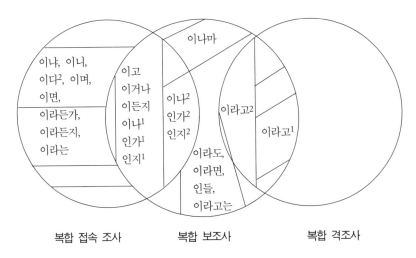

〈그림 3〉 '이'계 활용형에서 형성된 복합 조사의 정도 강약도

위 그림에서 보여준 것처럼 복합 격조사 '이라고¹'과 복합 보조사 '이나마, 이나², 인가², 인지²'는 강 복합 조사로 간주할 수 있다. 복합 보조사와 복합 접속 조사 두 가지 범위에 모두 속하는 것은 '이고, 이거나, 이든가, 이든지', '이나¹', '인가¹', '인지¹' 등이다. 그리고 복합 보조사와 활용형에 속하는 '이라고²', '이라고는, 이라도, 이라면, 인들' 등은 이와 비슷하다. 다음으로는 약 복합 조사에 속하는 복합 접속 조사 '이라든가, 이라든지'이다. 마지막으로 '이'계 활용형과 복합 접속 조사에 속하는

'이냐, 이니, 이다², 이며, 이면, 이라든가, 이라든지, 이라는'은 문법화
정도가 가장 약한 약 복합 조사로 볼 수 있다.

## [2] 동사 활용형에서 형성된 복합 조사

먼저 복합 조사 '하고'의 양상부터 살펴보자.

> (64) 가. 업무를 다 <u>하고</u> 퇴근할 수 있다.
> 나. 집에 돌아오는 길에서 지갑<u>하고</u> 휴대폰을 모두 잃었다.
> 다. 그의 주장은 현실<u>하고</u> 맞지 않는다.

(64가)의 '하고'는 동사의 활용형이고, (64나)의 '하고¹'은 복합 접속 조
사이며, (64다)의 '하고²'는 복합 격조사이다. 이처럼 '하고'는 동사의 활
용형, 복합 접속 조사, 복합 격조사의 세 가지 용법을 모두 가지고 있다.
'하고는'의 직접 성분 분석은 동사의 활용형 '하고'와 보조사 '는'의
결합으로 간주할 수 있다. 그리고 앞에서 논의한 대로 '하고는'은 다음
과 같은 용법을 가진다.

> (65) 가. 너<u>하고는</u> 같이 안 논다.
> 나. 저런 버르장머리<u>하고는</u>(『고려대』).

(65가)의 '하고는'은 단순히 '하고'와 '는'의 연속 구성이고, (65나)의
'하고는'은 이미 문법화 과정을 거쳐 형성된 복합 조사이다. 이처럼 '하
고는'은 상황에 따라 조사의 연속 구성이기도 하고, 복합 조사이기도 하
다. 이는 '하고는'이 아직 문법화 과정을 완전히 마친 것이 아니라 조사
의 연속 구성에서 복합 조사로 형성되는 과정에 있다는 뜻이다. 따라서

'하고는'의 문법화 정도는 약하다.

> (66) 가. 시험 공부 별로 안 <u>하고도</u> 시험 잘 치는 방법.
>
> 나. 약 28개월<u>하고도</u> 10개월 전의 이야기이다.

> (67) 가. 그 집 아이는 공부도 잘 <u>하며</u> 운동도 잘한다.
>
> 나. 시골에서 쌀<u>하며</u> 무<u>하며</u> 배추<u>하며</u> 보내왔다.
>
> (이상 『표준』)

'하고는'의 문법화 정도와 비슷한 것으로 보인 형태는 '하고도, 하며'도 있다. (66가, 나)에서 쓰인 것처럼 '하고도'는 '하고'와 보조사 '도'의 결합 형식이기도 하고, 하나의 복합 조사이기도 하다. 그리고 (67)의 '하며'는 동사 '하-'와 연결 어미 '-며'의 활용형도 가지고 있고, 복합 조사의 용법도 가지고 있다. 따라서 '하고도', '하며'도 '하고는'처럼 문법화 정도가 낮은 약 복합 조사이다.

> (68) 가. 이 땅을 평당 얼마 정도로 <u>치고</u> 팔아야 손해가 나지 않겠소.
>
> (한용운, 2003 : 177)
>
> 나. 그녀는 검사<u>치고</u> 꽤 겸손한 사람입니다.

(68가)의 '치고'는 목적어를 가진 동사의 활용형이고, (68나)의 '치고'는 문법화 과정을 거쳐 형성된 하나의 복합 보조사이다. 이처럼 '치고'는 동사의 활용형과 복합 보조사의 두 가지 용법을 가지고 있다. 즉 '치고'의 모든 형식이 복합 조사가 형성되는 것은 아니다. 이러한 용법을 가지고 있는 복합 보조사 '치고'의 문법화 정도는 그리 강하지 않다. 하지만 복합 보조사로서의 '치고'는 복합 접속 조사로서 쓰인 형식의 정도성보다 약간 강하다.

(69) 가. 그것은 상황을 <u>보고</u> 정해야 한다.

　　　나. 그가 나<u>보고</u> 편지를 보내서 도전하다(이상 『고려대』).

(69가)의 '보고'는 동사의 활용형이고, (69나)의 '보고'는 문법화 과정을 거쳐 형성된 하나의 복합 격조사이다. 이와 같은 용법을 가진 복합 조사는 '하고²'도 있다.

일반적으로 동사의 활용형이 문법화를 할 때 '동사 활용형>보조사>(격조사)'의 순서[12]에 따른다. 이는 어휘적 의미가 강한 쪽에서 문법적 의미가 강한 쪽으로 문법화하는 방향과 일치한다. 활용형, 보조사, 격조사 세 부류 중에서 격조사의 문법성이 가장 강하기 때문이다.

'이'계 활용형에서 복합 조사로 형성되는 문법화 과정과 같은 방식으로 동사 활용형에서 복합 조사로 형성된 문법화 과정은 다음과 같이 정리할 수 있다.

(70) 동사 활용형 ⋯→ 복합 접속 조사 ⋯→ 복합 보조사 ⋯→ 복합 격조사 ⋯→

이에 따르면 복합 격조사 기능을 가지고 있는 '보고, 하고²'는 동사의 활용형에서 형성된 복합 조사 중에서 문법화 정도가 가장 강한 것이다.

이상에서 논의한 내용을 그림으로 제시하면 다음과 같다.

〈그림 4〉 동사 활용형에서 형성된 복합 조사의 문법화 정도 강약도

---

12) 안주호(1997 : 215)에서는 이와 같은 문법화 순서를 '(의존)명사/동사>부사구>후치사구>보조사>(격조사)'로 제시하고 있다.

위 그림에서 보여준 것처럼 문법화 과정에 따라 동사의 활용형과 복합 접속 조사 두 가지 용법을 가진 '하고[1], 하고는, 하고도, 하며'의 문법화 정도는 가장 약하고, 다음으로 동사의 활용형에서 문법화된 복합 보조사 '치고'의 문법화 정도는 중간이며, 복합 격조사로 형성된 '보고, 하고[2]'의 문법화 정도는 가장 강하다.

# 제5장

# 나오는 말

그동안 한국어 복합 조사라는 용어는 조사와 조사가 결합하여 이루어진 조사를 가리키는 말로 사용되어 왔다. 하지만 '조사+조사'의 배열 관계에 대한 논의가 진행됨에 따라 조사의 상호 통합에 대한 근본적인 문제가 제기되었다. 곧 조사와 조사가 과연 결합할 수 있는가의 문제가 제기되었다. 이러한 문제가 제기되면서 그동안 학계에서 별다른 문제없이 사용해 온 복합 조사 개념의 정당성이 의심을 받게 되었다. 그래서 이 책은 한국어 복합 조사의 개념에 관한 문제를 다시 살펴보게 되었다. 이를 바탕으로 복합 조사의 목록을 제시하였고, 전체 복합 조사 목록에 대하여 분류하기도 하였다. 각 장에서 다루어진 주요 문제와 연구 결과를 요약하여 정리하면 다음과 같다.

1장 서론에서는 연구 목적, 연구 대상, 연구 방법, 연구사 검토 및 연구의 구성을 소개하였으나 연구 목적에서는 복합 조사와 관련한 문제점들을 지적하고 해결해야 할 과제들이 무엇인지를 언급하였다. 연구 대상에서는 단순히 조사와 조사의 결합 형식뿐만 아니라 '이'계 활용형, 동사의 활용형, 명사와 조사의 결합 형식도 모두 포함된다는 것을 논의하

였다. 그리고 그동안 복합 조사를 연구할 때 주로 공시적 방법이나 통시
적 방법 중의 하나를 사용하였던 것이다. 이 책에서 복합 조사를 기술할
때 사용한 연구 방법은 공시적 연구 방법과 통시적 연구 방법을 종합한
것이다. 연구사 검토에서는 복합 조사와 직접적인 관련이 있는 주요 논
의들만을 소개하였다. 그리고 그 논의들에서 해결하지 못한 과제들도 같
이 살펴보았다. 연구의 구성에서는 논의의 진행 순서에 대해 소개하고
각 장에서 다루어질 문제들이 무엇인지를 밝혔다.

2장에서는 복합 조사의 연구를 위한 선행 작업이 이루어졌다. 문법화
에 대해 살펴보고, 복합 조사와 관련한 문제점을 고찰하였다. 그리고 이
를 바탕으로 복합 조사의 정의를 기술하였다. 복합 조사는 통시적으로
문법화 과정을 통해 것이므로 이를 제대로 고찰하려면 문법화와 관련한
기제, 연속성과 정도성, 주관화 등의 개념을 사용할 필요가 있다.

이 책은 문법화의 산물과 과정에 있는 것은 모두 문법화에 포함된다
고 보았다. 그리고 이런 문법화의 기제인 은유, 재분석, 융합, 유추 등에
대해 설명하였다. 이 중에서 은유는 주로 문법화 과정에서 의미의 변화
와 관련되고, 재분석과 융합은 문법화 과정에서 음운, 형태, 통사 양상의
변화와 관련된다. 유추가 문법변화의 확산에 크게 기여하는 것은 사실이
지만 언어의 불규칙성을 대변하기 어렵다는 점을 고려해서 이를 문법화
의 기제로 보지 않기로 하였다. 한편 문법화는 점진적으로 진행하기 때
문에 어떠한 형식은 한 가지 형태로 변한 후에 끝나지 않고 연속적으로
변화를 일으킨다. 이러한 연속적인 문법화 과정에서 변화의 정도성에 있
어서도 차이가 있다. 그리고 문법화 과정에서 언어 형식의 의미가 변화
할 때 덜 주관적인 의미에서 점점 더 주관적인 의미의 방향으로 이동한
다는 경향이 있다.

　문법화의 개념을 밝히기 위해 먼저 그동안 복합 조사와 관련하여 생긴 문제점을 살펴보았다. 이들은 각각 복합 조사의 성립 가능성에 관한 문제, '만큼도'와 같은 형식을 복합 조사라고 부를 것이냐 합성 조사라고 부를 것이냐의 용어의 문제, 복합 조사란 무엇이냐의 문제, 파생 조사의 설정 문제, 그리고 복합 조사와 복합어의 관계가 무엇이냐는 문제이다.

　이상에서 언급한 복합 조사와 관련된 문제점을 기술한 후에 복합 조사의 특성을 바탕으로 이 책은 복합 조사를 다음과 같이 다시 정의하였다.

> (1) 둘 이상의 형태소가 문법화를 통해 형성된, 형태적으로 분석 가능
> 　　하고, 통사적으로 하나의 기능을 하는 조사

　이 중에서 '둘 이상의 형태소'는 문법화를 통해 복합 조사로 형성되는 기원 형식을 말해준다. '문법화를 통해'라는 것은 복합 조사의 형성 방법을 가리킨다. 그리고 '형태적으로 분석 가능하다'는 것은 두 가지 의미를 포함하고 있다. 하나는 '형태소의 분석이 가능하다'는 것이며, 다른 하나는 '이러한 분석은 형태적으로 한다'는 것이다. 또한 '통사적으로 하나의 기능을 하는 조사'는 '둘 이상의 형태소'의 문법화 결과, 즉 복합 조사로 형성된 것을 뜻한다.

　3장에서는 복합 조사의 판별 기준을 세워 복합 조사와 구분하기 어려운 경계 요소들을 검토하여 복합 조사의 목록을 작성하였다. 먼저 기존 조사의 목록을 제시하여 그중에서 복합 조사와 구별하기 어려운 것들을 선정하였다. 이들은 조사와 조사의 연속 구성과 복합 조사 사이에 경계 요소도 있고, 단일 조사와 복합 조사 사이에 경계 요소도 있고, '이'계 활용형과 복합 조사 사이에 경계 요소도 있고, 동사의 활용형과 복합 조사 사이에 경계 요소도 있다. 이러한 경계 요소들이 복합 조사인지 아닌

지를 판별할 수 있는 기준을 형태, 통사, 의미적 면에서 다음과 같이 제시하였다.

> (2) 복합 조사의 검증 기준
>   가. 형태적으로 둘 이상의 형태소가 하나의 조사로 형성되어야 한다.
>   나. 통사적으로 기원 형식의 통사적 특성을 상실하고 복합 조사의 통사적 특성을 가지게 되어야 한다.
>   다. 의미적인 측면에서, 기원 형식의 구성 성분들의 의미가 합해진 것이 아니라 새로운 의미가 생겨야 한다.

　(2가)의 '둘 이상의 형태소'는 기원 형태이고, '하나의 조사로 형성된다'는 것은 복합 조사로 된다는 것이다. 이는 또한 두 가지 의미를 포함한다. 첫째는 하나의 조사이므로 분리가 불가능하다는 것이다. 다른 하나의 의미는 형태소 분석이 가능하다는 것이다. (2나)에서 기술한 통사적 특성은 다시 세 가지에서 드러난다. 첫째, 복합 조사가 선행어에 붙어 쓰일 때 그 구성의 직접 성분은 복합 조사 전체와 선행어이다. 즉 복합 조사를 이루는 두 개 이상의 형태소는 그 앞에 필수적으로 명사구를 취하여 한 어절을 이루는데, 이때 어절을 이루는 세 개 이상의 요소의 직접 성분 분석에서 일차적으로 명사구가 분리되고, 복합 조사를 이루는 구성 요소들 간에 결합은 유지되어야 한다. 둘째, 문법화 과정에서 기원 형식의 통사적 결합 양상에 변화가 일어나 복합 조사의 결합 양상이 형성된다. 셋째, 문법화 진도에 따라 기원 형식의 통사 범주가 바뀐 것이다. 그리고 (2다)는 의미적인 측면에서, 기원 형식의 구성 성분들의 의미가 합해진 것이 아니라 새로운 의미가 생겨야 한다.

　한편 복합 조사와 구별하기 어려운 요소의 종류가 다양하므로 그들의 판별 기준도 같은 것으로 통일시킬 수 없다. 이 책은 위에서 제시한 복합 조사를 판별하기 위해서 반드시 복합 조사가 공통적으로 가지는 기준 이외에 유형에 따라 부가적인 보충 기준도 이용하였다. 이러한 기준으로 경계 요소에 적용하여 검증한 결과는 다음과 같이 현대 한국어 복합 조사가 총 37개로 파악된다는 점이다.

(3) 복합 조사의 목록
　만치도, 만큼도, 만큼은, 밖에, 보고, 에다가, 에서, 에로, 로서, 로부터, 이거나, 이든가, 이든지, 이고, 이냐, 이니, 이다2, 이며, 이나, 이나마, 이라고1, 이라고2, 이라고는, 이라는2, 이라도, 이라든가, 이라든지, 이라면, 이란1, 이면, 인가, 인지, 인들, 치고, 하고, 하고는, 하고도, 하며

4장에서는 복합 조사의 분류 기준에 대하여 살펴보고, 이에 따라 복합 조사를 분류해 보았다. 문장에서 담당하는 문법 기능에 따라 조사에 대해 분류하는 것은 전통적인 방식이다. 이러한 분류 방법에 의거하여 복합 조사를 복합 격조사, 복합 접속 조사, 복합 보조사, 그리고 여러 가지 문법 범주에 속하는 이른바 범주 통용 형식과 같은 따위로 나누었다.

(4) 복합 조사의 문법 기능에 따른 분류
　가. 복합 격조사 : 에서, 에다가1, 에서, 로부터, 로서, 에로, 로서, 이라고1, 보고, 하고2
　나. 복합 접속 조사 : 이거나1, 이든가1, 이든지1, 이나1, 이라는, 이면, 이라든가, 이라든가, 인가1, 인지1, 이고1, 이니, 이다2, 이며, 하고1, 하며, 에다가2, 하고도, 이냐
　다. 복합 보조사 : 만치도, 만큼도, 만큼은, 이라고는, 이라도, 이나, 이나마, 이거나2, 이든가2, 이든지2, 이고2, 인가2, 인지2, 인들, 밖에, 치고, 이라고2, 이라면, 하고는

　　라. 범주 통용 형식
　　　복합 접속 조사와 복합 보조사 통용 형식 : 이거나, 이고, 이나, 이든가,
　　　　　　　　　　　　　　　　　　　　　　　　　이든지, 인가, 인지
　　　복합 접속 조사와 복합 격조사 통용 형식 : 에다가, 하고
　　　복합 격조사와 복합 보조사 통용 형식 : 이라고

　또한 복합 조사를 '둘 이상의 형태소'로 형성된 것으로 본다는 것은
복합 조사의 기원 형식이 다만 '조사＋조사'의 형식으로 국한되지 않음
을 말해준다. 이와 같은 구성 형식에 따라 복합 조사를 다음과 같이 분
류하였다.

　(5) 복합 조사의 구성 성분에 따른 분류
　　가. 두 개 이상의 조사 형태소로 이루어진 복합 조사
　　　에로, 만치도, 만큼도, 만큼은, 에서, 로부터, 로서, 에다가1, 에
　　　다가2
　　나. '이'계 활용형으로 분석되는 복합 조사
　　　이거나1, 이거나2, 이든가1, 이든가2, 이든지1, 이든지2, 이고1,
　　　이고2, 이나1, 이나2, 이나마, 이니, 이라고1, 이라고2, 이라고는,
　　　이라는, 이라도, 이라면, 이라든가, 이라든지, 이며, 이면, 인들,
　　　이냐, 이다2, 인가1, 인가2, 인지1, 인지2
　　다. 동사의 활용형으로 분석되는 복합 조사
　　　보고, 치고, 하고1, 하고2, 하고는, 하고도, 하며

　그리고 복합 조사는 문법화 과정을 통해 형성되었기 때문에 문법화의
정도성에 따라 강 복합 조사와 약 복합 조사로 나뉘진다.

(6) 문법화 정도에 따른 분류

　가. '문법형태소>문법형태소'의 복합 조사

　　강 복합 조사 : 에서, 로부터, 로서, 만치도, 만큼도

　　약 복합 조사 : 에로, 만큼은

　　중간 상태 : 에다가1, 에다가2

　나. '어휘형태소>문법형태소'의 복합 조사

　　[1] '이'계 활용형에서 형성된 복합 조사

　　강 복합 조사 : 이라고1, 이나마, 이나2, 인가2, 인지2

　　약 복합 조사 : 이냐, 이니, 이다2, 이며, 이면, 이라든가, 이라든
　　　　　　　　　　지, 이라는

　　중간 상태 : 이고, 이거나, 이든가, 이든지, 이나1, 인가1, 인지1,
　　　　　　　　　이라고2, 이라고는, 이라도, 이라면, 일랑, 인들

　　[2] 동사 활용형에서 형성된 복합 조사

　　강 복합 조사 : 보고, 하고2

　　약 복합 조사 : 하고1, 하고는, 하고도, 하며

　　중간 상태 : 치고

　이 책에는 미처 논의하지 못한 부분들이 없지 않아 남아 있지만, 앞으로의 연구에 조금이나마 보탬이 되었으면 하는 것이다. 그리고 이 책의 문제점은 복합 조사의 형성과정을 구체적으로 고찰하지 못한 것이다. 이 책에서 복합 조사가 통시적으로 문법화 과정을 통해 형성된 것이라고 하였지만 그 연구 대상을 현대 한국어의 표준어 조사만으로 하였기 때문에 복합 조사의 통시적인 변화 과정을 제대로 논의하지 못하였다. 따라서 복합 조사에 대한 시대별 연구가 앞으로 연구해 나가야 할 과제중의 하나이다. 이 과제는 문법화 진행에 따라 시대별 복합 조사의 형태·통사·의미적인 변화 양상, 시대별 복합 조사의 목록 작성 작업 등을 모두 포함한다.

# 참고문헌

## 1. 사 전

고려대학교 민족문화연구원 편(2009), 『한국어 대사전』, 고려대학교민족문화연구원.
국립국어원 편(1999), 『표준국어대사전』, 두산동아.
_____(2005ㄴ), 『외국인을 위한 한국어 문법 2』, 커뮤니케이션북스.
연세대학교 언어정보개발연구원 편(1998), 『연세 한국어 사전』, 두산동아.
한글학회 편(1947-1957), 『큰사전』, 아카데미하우스.

## 2. 논 저

고광모(2000), 「상대 높임의 조사 '-요'와 '-(이)ㅂ쇼'의 기원과 형성 과정」, 『국어학』
      36, 국어학회, 259-282.
고영진(1997), 『한국어의 문법화 과정 : 풀이씨의 경우』, 국학자료원.
구본관(1993), 「국어 파생접미사의 통사적 성격에 대하여」, 『冠嶽語文硏究』, 서울대학
      교 국어국문학과, 117-140.
김기혁(1987), 「국어보조동사 연구」, 연세대학교 대학원 박사학위논문.
김동식(1996), 「현대국어 조사의 분류에 대한 연구」, 『한신논문집』 13, 한신대학교,
      105-142.
김문웅(1982), 「'-다가'류의 문법적 범주」, 『한글』 176, 한글학회, 149-178.
김상대(1992), 「국어의 후치적 특성에 대하여」, 『인문논총』 3, 아주대학교 인문과학연
      구소, 5-30.
_____(1993), 「복합 조사에 대하여」, 『인문논총』 4, 아주대학교 인문과학연구소,
      15-28.
김석득(1991), 「토씨의 상위 분류론 : 유동형태 처리를 겸하여」, 『동방학지』, 71-72,
      연세대학교 국학연구원, 141-158.

_____(1992), 『우리말 연구사』, 정음문화사.

김성용(2002), 「명사의 접속사화 연구」, 경희대학교 대학원 석사학위논문.

김승곤(1989), 『우리말 토시 연구』, 건국대학교출판부.

_____(1996), 『한국어 토씨와 씨끝의 연구사』, 박이정.

_____(2004), 『국어 토씨 어원과 용법-향가에서 1930년까지』, 역락출판사.

김영희(1973), 「한국어의 격문법연구」, 연세대학교 대학원 석사학위논문.

_____(1974), 「처소격조사 '에서'의 생성적 분석」, 『연세어문학』 5, 연세대학교 국어국문학과, 59-86.

_____(1975), 「'닥아서'에서 '다가'까지」, 『연세어문학』 6, 연세대학교 국어국문학과, 83-108.

김은일 외 역(1999), 『문법화』, 한신문화사.

김의수(2007), 「우언적 부정(不定) 표현의 통사 연구 : '의문사+(이-)+-ㄴ가' 구성을 중심으로」, 『어문론총』 46, 한국문학언어학회, 1-28.

김정아(2001), 「'이-'의 문법적 특성에 대한 통시적 고찰」, 『국어학』 37, 국어학회, 309-336.

김진수(1987), 『국어접속사와 어미연구』, 탑출판사.

김진형(2000), 「조사연속구성과 합성조사에 대하여」, 『형태론』 2-1, 박이정, 59-72.

나은영(2002), 「현대국어 [이]계열 특수조사 연구」, 서울대학교 대학원 박사학위논문.

남기심·고영근(1985/1993), 『표준국어문법론』, 탑출판사.

남윤진(1997), 「현대국어의 조사에 대한 계량언어학적 연구」, 서울대학교 대학원 박사학위논문.

_____(2000), 『현대국어의 조사에 대한 계량언어학적 연구』, 태학사.

_____(2011), 「소설자료를 통해 본 20세기 한국어의 부정문 사용양상」, 『한국어와 문학』 9, 숙명여자대학교 한국어문화연구소, 287-316.

류병율(2009), 「한국어 접속조사 '-이나 (-(이)나)'」, 『한국어 의미학』 29, 한국어 의미학회, 29-56.

민현식(1984), 「개화기 국어의 경어법에 대하여」, 『관악어문연구』 9, 서울대학교 국어국문학과, 125-149.

박기덕(1999), 「한국어 연결접사에 관한 연구」, 『언어와 언어학』 24, 한국어외국어대학교 외국어종합연구센터 언어연구소, 1-15.

박양규(1972), 「국어의 처격에 대한 연구 : 통합상의 특징을 중심으로」, 서울대학교 대학원 석사학위논문.

박재연(1998), 「현대 국어 반말체 종결어미 연구」, 『국어연구』 152, 국어연구회, 1-140.

배추채(1993), 「현대국어 매개모음의 연구사」, 『주시경학보』 11, 73-106, 탑출판사.

_____(2001), 「지정사 활용의 형태음운론」, 『국어학』 37, 국어학회, 33-59.

백낙천(1996), 「'(-)다가'에 대하여」, 『동국어문학』 8, 동국대학교, 213-230.

_____(2000), 「국어 통합형 접속어미의 형태 분석과 의미 연구」, 동국대학교 대학원 박사학위논문.

서정목(1984), 「후치사 '-서'의 의미에 대하여-'명사구 구성의 경우'」, 『언어』 9-1, 한국언어학회, 155-186.

_____(1993), 「한국어의 구절 구조와 엑스-바 이론」, 『언어』 18-2, 한국언어학회, 395-435.

서정수(1996), 『국어문법』, 수정증보판, 한양대학교 출판원.

서태룡(1987), 「國語 活用語尾의 形態와 意味」, 서울대학교 대학원 박사학위논문.

_____(1988), 『國語 活用語尾의 形態와 意味』, 탑출판사.

_____(2005), 「조사화와 어미화의 끝 구성요소」, 『진단학보』 99, 진단학회, 105-125.

성광수(1979), 『국어 조사의 연구』, 형설출판사.

성낙수(1976), 「접속사 [다가]에 대하여」, 『연세어문학』 7-8, 연세대학교 국어국문학과, 171-183.

송창선(2009), 「보조사 '서'의 의미 특성(1)」, 『언어과학연구』 50, 언어과학회, 121-144.

시정곤(2000), 「공형태소를 다시 생각함」, 『한국어학』 12, 한국어학회, 147-165.

_____(2010), 「공형태소와 형태 분석에 대하여」, 『국어학』 57, 국어학회, 3-30.

신창순(1975), 「국어 助詞의 硏究 : 그 分類를 中心으로」, 『국어국문학』 67, 국어국문학회, 1-21.

안명철(1985), 「보조조사 '-서'의 의미」, 『국어학』 14, 국어학회, 478-506.

_____(1990), 「國語의 融合 現象」, 『국어국문학』 103, 국어국문학회, 121-137.

안주호(1996), 「한국어 명사의 문법화 현상 연구」, 연세대학교 대학원 박사학위논문.

_____(1997), 『한국어명사의 문법화 현상 연구』, 한국문화사.

엄정호(1997), 「조사에 대하여(1)-조사 목록을 중심으로-」, 『언어와 언어교육』 12, 동아대학교 어학연구소.

_____(2000), 「소설에 나타난 은유 분석 시론」, 『泮矯語文研究』 13, 반교어문학회, 83-108.

왕문용 외(1996), 『대등접속문은 국어에 과연 있는가』, 강원도.

유경화(2013), 「조사 '에다가'의 통사·의미적 연구」, 『어문학』 120, 한국어문학회, 31-54.

_____(2014), 「복합 조사의 개념 정립」, 『한중인문학연구』 43, 한중인문학회, 101-120.

유동석(1998), 「국어의 격 중출 구성에 대하여」, 『국어학』 31, 국어학회, 307-337.

윤재원(1989), 『국어 보조조사의 담화분석적 연구』, 형설출판사.

윤평현(1989), 『국어의 접속어미 연구』, 한신문화사.

이광호(1984), 「처격어미 [에], [에서]의 의미와 그 통합양상」, 『언어학논총』 3, 국민
        대학교 어학연구소. 87-105.

李珖鎬(1991), 「중세국어 복합 격조사의 연구」, 『진단학보』 71, 72, 진단학회, 233-247.

이규호(2000), 「복합 조사 연구의 기초 작업」, 『한국어문학연구 : 예창해 교수 정년기
        념 논문집』 11, 277-294.

_____(2001), 「한국어 복합 조사의 판별기준과 구성 연구」, 한국외국어대학교 대학
        원 박사학위논문.

_____(2003), 「계사 활용형 복합 조사의 판별 기준」, 박기덕 외, 『한국어 교육을 위
        한 한국어 문법론』, 한국문화사, 199-233.

_____(2006), 「복합 조사 '이라고'의 생성과 분화」, 『국어학』 47, 국어학회, 145-177.

_____(2006), 「복합 조사에 대하여」, 『국어학』 47, 국어학회, 145-177.

_____(2007), 『한국어 복합 조사』, 한국학술정보.

이근용(1982), 「국어 특수조사 연구」, 국민대학교 대학원 석사학위논문.

이기갑(1997), 「한국어 방언들 사이의 상대 높임법 비교 연구」, 『언어학』 21, 한국언
        어학회, 185-217.

이남순(1996), 「'-다가'攷」, 『이기문 교수 정년퇴임 기념논총』, 신구문화사, 455-477.

_____(1996), 「특수조사의 통사기능」, 『진단학보』 82, 진단학회, 217-235.

이석규(1995), 「현대국어 도움토씨의 의미연구」, 김승곤 엮음, 『한국어의 토씨와 씨끝』,
        서광학술자료사, 279-298.

이선웅(1995), 「현대국어의 보조용언 연구」, 『국어연구』 133, 국어연구회, 1-128.

_____(2000), 「'의문사+-(이)+-ㄴ가' 구성의 부정(不定) 표현에 대하여」, 『국어학』
        36, 국어학회, 191-219.

이성하(1998), 『문법화의 이해』, 한국문화사.

이승재(1992), 「융합형의 형태소분석과 형태의 화석」, 『주시경학보』 10, 탑출판사.

_____(1994), 「'-이-'의 삭제와 생략」, 『주시경학보』 13, 탑출판사.

이영경(1995), 「국어 문법화의 한 유형 -동사 활용형의 문법화를 중심으로-」, 『국어학
        논집』 2, 서울대학교 국어국문학과, 171-189.

이원근(1996), 「우리말 도움토씨 연구」, 연세대학교 대학원 박사학위논문.

이은경(1990), 「국어 접속어미 연구」, 서울대학교 대학원 석사학위논문.

이익섭·임홍빈(1983), 『국어문법론』, 학연사.

이정화(1997), 「현대국어의 접속조사 연구」, 이화여자대학교 대학원 석사학위논문.

이정훈(2005), 「조사와 활용형의 범주통용 : '이'계 형식을 대상으로」, 『국어학』 45, 국어학회, 145-175.

이주행(1992), 『현대국어문법론』, 대학교과서주식회사.

이지양(1985), 「융합형 '래도'에 대하여」, 『冠嶽語文研究』 10-1, 서울대학교 국어국문학과, 309-331.

_____(1993), 「國語의 融合現象과 融合形式」, 서울대학교 대학원 박사학위논문.

_____(1998), 『국어의 융합현상』, 태학사.

이지연(2006), 「한국어 보조사에 대한 연구」, 홍익대학교 대학원 석사학위논문.

이철수(1992), 『국문법의 이해』, 인하대학교 출판부.

이태영(1988), 『국어 동사의 문법화 연구』, 한신문화사.

이현희(1993), 「국어학의 자료와 방법론」, 『국어국문학 40년』, 집문당.

_____(1994), 「계사 '(-)이-'에 대한 통시적 고찰」, 『주시경학보』 13, 탑출판사, 88-101.

_____(1995), 「'-샤'와 '-沙'」, 『한일어학논총, 남학이종철선생 회갑기념논총』, 국학자료원, 523-585.

이홍식(2005), 「형태분석의 방법에 대하여」, 『숙명여자대학교 지역학논집』 8, 숙명여자대학교 지역학연구소, 29-54.

_____(2010), 「형태소와 문법기술」, 『어문학』 109, 한국어문학회, 1-35.

이희승(1955), 『국어학개론』, 민중서관.

이희자·이종희(1998), 『사전식 텍스트 분석적 국어 조사의 연구』, 한국문화사.

_____(1999), 『사전식 텍스트 분석적 국어 어미의 연구』, 한국문화사.

임동훈(2003), 「국어 양태 체계의 정립을 위하여」, 『한국어 의미학』 12, 한국어 의미학회, 127-153.

_____(2004), 「한국어 조사의 하위 부류와 결합 유형」, 『국어학』 43, 국어학회, 119-154.

_____(2005), 「'이다' 구문의 제시문적 성격」, 『국어학』 45, 국어학회, 119-144.

임지룡(1993), 「의미범주의 원형탐색에 관한 연구」, 『국어교육연구』 25-1, 국어교육학회, 115-151.

임홍빈(1985), 「國語의 文法的 特徵에 대하여」, 『국어생활』 2, 국어연구소, 86-98.

_____(1999), 「국어 명사구와 조사구의 통사 구조에 대하여」, 『관악어문연구』 24, 서울대 국어국문학과, 1-62.

임홍빈・장소원(1995), 『국어문법론 I 』, 한국방송대학교출판부.

장 미(1999), 「지정사 '이다'를 기원으로 하는 보조조사 연구」, 동아대학교 대학원 석사학위논문.

정춘호(1997), 「이른바 국어 부사격조사의 기능 연구 : 보어논항구성과 부사어구성을 중심으로」, 연세대학교 교육대학원 석사학위논문.

정한데로(2012), 「조사・어미 복합형태의 등재와 변화」, 『언어와 정보사회』 18, 서강 대학교 언어정보 연구소, 101-131.

채 완(1977), 「현대국어 특수조사의 연구」, 서울대학교 대학원 석사학위논문.

_____(1993), 「특수조사 목록의 재검토」, 『국어학』 23, 국어학회, 69-92.

_____(1996), 「80년대 이후의 국어 조어법 연구의 현황과 과제」, 『人文科學硏究』 2, 동덕여자대학교, 19-44.

_____(1998), 「특수조사」, 『문법연구와 자료』, 태학사, 115-138.

_____(2006), 「국어의 격과 조사 : 최근의 연구 동향을 중심으로」, 『우리말글』 37, 우 리말글학회, 1-25.

최동주(1997), 「현대국어의 특수조사에 대한 통사적 고찰」, 『국어학』 30, 국어학회, 201-224.

_____(1999), 「'이'계 특수조사의 문법화」, 『형태론』 1-1, 박이정, 43-60.

최윤진(2011), 「이접과 양태의 상관관계 고찰 : '-인가'를 중심으로」, 『국어학』 60, 국 어학회, 146-181.

최전승(1990), 「판소리 사설에 반영된 19세기 후기 전라 방언의 특질-경어법 체계를 중심으로」, 『한글』 210, 한글학회, 190-242.

최현배(1937/1980), 『우리말본』, 정음사.

최형용(1997), 「문법화의 한 양상에 대하여」, 『冠嶽語文硏究』 22-1, 서울대학교 국어 국문학과, 469-489.

_____(2002), 「국어 단어의 형태・통사론적 연구 : 통사적 결합어를 중심으로」, 서 울대학교 대학원 박사학위논문.

한용운(1999), 「복합어 형성과 조사에 대하여」, 『동국어문론집』 8, 동국대 국어국문학과, 228-249.

_____(2001), 「국어의 조사화 연구」, 동국대학교 대학원 박사학위논문.

_____(2003), 『언어 단위 변화와 조사화』, 한국문화사.

_____(2004), 「助詞連續構成과 複合助詞」, 『語文硏究』 32, 한국어문교육연구회, 145-169.

_____(2008), 「현대국어 조사의 범주 통용 문제」, 『형태론』 10-2, 박이정, 299-317.

한재영(1996), 「조사중첩의 원리 모색」, 『이기문교수 정년퇴임기념논총』, 신구문화사.

허  웅(1975), 『우리옛말본 형태론』, 샘문화사.

_____(1983), 『문법』, 교육출판사.

_____(1995), 『(20세기) 우리말의 형태론』, 샘문화사.

홍사만(1983), 『국어특수조사론』, 학문사.

_____(2002), 『국어 특수조사 신연구』, 역락출판사.

홍윤혜(2007), 「보조사 '-(이)라도'의 의미와 분포적 특징」, 『한국어 교육』, 국제한국
    어교육학회, 487-506.

황화상(2006), 「조사 '에서'의 문법 범주」, 『배달말』 39, 배달말학회, 371-393.

LIU QINGHUA(2011), 「한국어 보조사의 의미 상관성 연구」, 아주대학교 대학원 석
    사학위논문.

Claudi Ulrike & Bernd Heine(1986), On the metaphorical base of grammar, *Studies in
    Language 10*, 297-335.

Heine, Bernd(1992), Grammaticalization chains, *Studies in Language 16.2*, 335-368.

Heine, Bernd, Ulrike Claudi, and Friederike Hünnemeyer(1991a), *Grammaticalization :
    A Conceptual Framework*, University of Chicago Press.

_____(1991b), From cognition to
    grammar-evidence from African languages, In Traugottand Heine, eds.,
    Vol. 1, 149-187.

Lakoff, George & Mark Johnson(1980), *Metaphors we Live by*, University ofChicago
    Press.

Lyons, John(1977), *Semantics. 2 vols*, Cambridge University Press.

Meillet, Antoine(1912), L'évolution des formes grammaticales, Scientia(Rivistadi
    Scienza) 12, no.26, 6, Reprinted in Meillet(1948), 130-148.

SOHN Ho-min(1976), Semantics of Compound Verbs in Korean, 『언어』 1-1, 한국
    언어학회, 142-150.

Traugott, Elizabeth Closs & Bernd Heine eds. (1991), *Approaches to grammaticalization
    volume 1 : Focus on theoretical and methodological issues*, John Benjamins
    Publishing Company.

Wittgenstein, Ludwig(1953), *Philosophical Investigations*, Macmillan.

## 저자 유 경 화

- 중국 산동성(山東省) 임기시(臨沂市) 출생
- 중국 산동사범대학교(山東師大學校) 한국어학과 졸업(2006)
- 아주대학교 대학원 국어국문학과 문학석사(2011)
- 아주대학교 대학원 국어국문학과 문학박사(2014)
- 중국 곡부사범대학교(曲阜師大學校) 행단학원(杏壇學院) 한국어 전임강사
- 인천 한중문화관, 신광초등학교, 송월초등학교 원어민 중국어 강사
- 현재 아주대학교 감정 언어 분석 관련 연구프로젝트 수행 중

# 한국어 복합 조사 연구

**초판 인쇄**  2015년 9월 16일
**초판 발행**  2015년 9월 23일

**지은이**  유경화
**펴낸이**  이대현
**편 집**  오정대
**디자인**  이홍주
**펴낸곳**  도서출판 역락
서울시 서초구 동광로 46길 6-6 문창빌딩 2층
전화 02-3409-2058(영업부), 2060(편집부)
팩시밀리 02-3409-2059
이메일 youkrack@hanmail.net
역락블로그 http://blog.naver.com/youkrack3888
등록 1999년 4월 19일 제303-2002-000014호

ISBN  979-11-5686-243-7 93710
정 가  17,000원

* 파본은 구입처에서 교환해 드립니다.